RITA TRAVERSIER
TEXT
MARTIN EIMER
FOTOS

SERMILIGAQ

Wo die Eisberge herkommen

OSTGRÖNLAND

STEIGER VERLAG

Für besondere Unterstützung
und hilfreiches Entgegenkommen
danken die Autoren ihren grönländischen Freunden Gideon Bajare
und Johan Uitsatikitseq aus Sermiligaq und der
Skandinavischen Fluggesellschaft SAS

Fotos: A. Berthelsen: S. 105; ESRI Ges. für Systemplanung und Umweltforschung, Kranzberg bei München: S. 36/37; Kalaallit Nunaata – Katersugaasivia (Grønlands Landsmuseum), Nuuk: S. 52 und 53; Foto Schif: S. 138; W. Thalbitzer: S. 12, 39, 59, 108; Verlagsarchiv: S. 125 und 130; A. Wegener: S. 133, 134, 135; K.-M. Westermann: S. 114 unten; alle übrigen Aufnahmen: M. Eimer. Grafiken: A. Brötz.

CIP-Kurztitelaufnahme der Deutschen Bibliothek
Traversier, Rita:
Sermiligaq: wo d. Eisberge herkommen,
Ostgrönland/Rita Traversier, Text. Martin Eimer, Fotos. –
Berwang: Steiger, 1986. NE: Eimer, Martin:
ISBN 3-85423-057-5

Auflage 1986

Druck Wiener Verlag, Himberg.
Printed in Austria

Inhalt

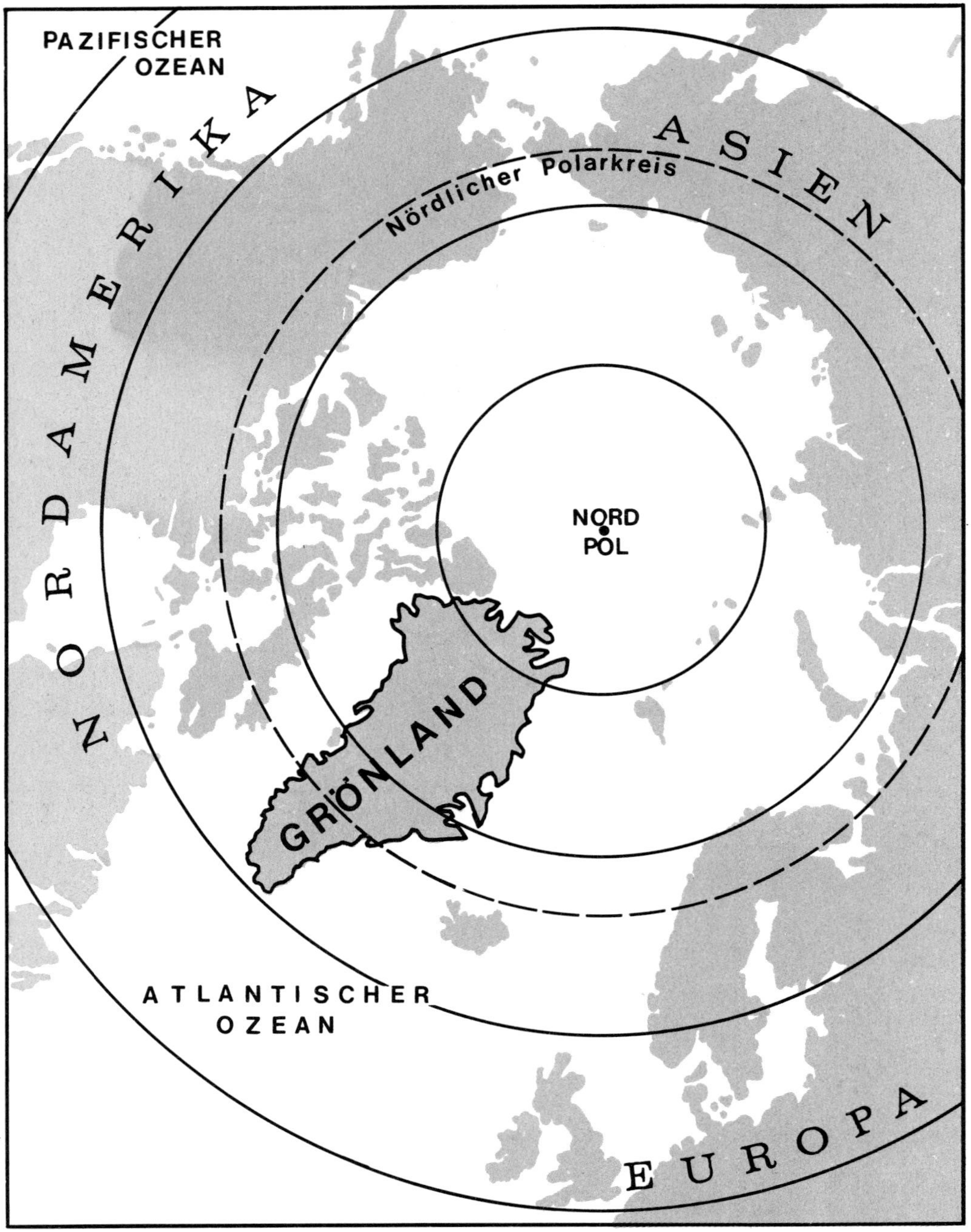
PAZIFISCHER
OZEAN
NORDAMERIKA
ASIEN
Nördlicher Polarkreis
NORD
POL
GRÖNLAND
ATLANTISCHER
OZEAN
EUROPA

GRÖNLAND

Fläche
Gesamtfläche: 2,175.600 km^2 (25 x Fläche von Österreich)
davon Inlandeis: 1,833.900 km^2
Eisvolumen: 2,5 Mill. km^3 Wasser;
Eisdicke: durchschnittl. 2.135 Meter

Ausdehnung
von Norden nach Süden: 2.670 km
von Osten nach Westen: 1.050 km

Geographische Lage
Nördlichster Punkt: Kap Mooris Jesup, 83°39′ nördliche Breite
Südlichster Punkt: Kap Farvel, 59°46′ nördliche Breite
Westlichster Punkt: Kap Alexander, 73°08′ westliche Länge
Östlichster Punkt: Kap Nordostrundingen, 11°39′ westliche Länge

Küstenlinie
Gesamtküstenlinie: ca. 39.100 km
Ostküste zwischen Nordostrundingen und Kap Farvel: 11.360 km

Einwohnerzahl
1901: 11.893
1966: 42.102
1970: 46.532
1985: 52.940

Klima
Mittlere Jahrestemperatur im Ammassalikgebiet:
1983: −3,2° C
1984: −1,6° C
Mittlere Niederschlagsmenge im Ammassalikgebiet:
1983: 821 mm
1984: 1.167 mm

Wirtschaft des Landes
1983: Import 2.421 Mill. Dän. Kronen;
Export 1.645 Mill. Dän. Kronen;
Davon Export von Fischprodukten (Dorsch, Heilbutt): 1.051 Mill. Kronen.
Export von Fellen: 10 Mill. Kronen
Export von Erzen (Blei, Zink und Cryolith): 459 Mill. Kronen

EMPFEHLENSWERTE UND BENUTZTE LITERATUR

Urgeschichte der Eskimo, H. G. Bandi – Gustav Fischer Verlag – Stuttgart 1965.
Grønland 1984, Ministeriet for Grønland, 1985.
Der Eisbär, S. M. Uspenski, – A. Ziemsen Verlag – Wittenberg, 1979.
Polareskimo-Verhalten, Christian Adler – Ethnoverlag München, 1979.
Die Rassen des Menschen, Georg Glowatzki – Kosmos, Franckh'sche Verlagshandlung, 1976.
Eskimos of the World, Paul Michael Elliott, Julian Messner, New York, 1976.
Grønlands Blomster, Flowers of Greenland, Jon Feilberg, Bent Fredskild, Sune Holt – Regnbuen, Dänemark, 1984.
Eskimo's mensen zonder tijd, Frans Van de Velde, Van Holkema & Warendorf – Bussum/ Semper Agendo, Apeldoorn.
Hoher Norden, Fritz Müller – Atlantis Verlag AG, Zürich, 1977.
Polar Deserts, Wally Herbert – Collins-Publishers – Franklin Watts inc., London, Glasgow, New York, 1971.
Alfred Wegeners letzte Grönlandfahrt, Else Wegener –Brockhaus, Leipzig, 1933.
Die Eskimos, Thomas Jeier – Econ Verlag, Düsseldorf, 1977.
Polarfahrten, Paul Gerhard Zeidler – Deutsche Buch-Gemeinschaft, Berlin, 1927.
Leben im hohen Norden, R. Bökemeier – Mondo-Verlag, Lausanne, 1980.
Die Kulturen der Eskimo und Indianer Nordamerikas, Wolfgang Lindig, Akad. Verlagsges. Athenaion, Frankfurt am Main, 1972.
Die langen Reisen, Walter Bauer – Kindler Verlag, München.
Die Eskimos, Kai Birket-Smith – Orell Füssli-Verlag, Zürich.
Eskimo-Märchen, Heinz Barüske – Eugen Diederichs Verlag, Düsseldorf/Köln, 1969.
Jäger des hohen Nordens, Wally Herbert – Time-Life-Bücher, Amsterdam, 1981.
Eskimoliv, Fridtjof Nansen, H. Aschehoug & Co.s Forlag – Kopenhagen, 1891.
Grønland langs Polhavet – 2. Thule-Ekspedition, Knud Rasmussen, Nordisk Forlag – Kjøbenhavn, 1919.
Den Danske Konebaads-Expedition, G. Holm, V. Garde, Forlagsbureauet – Kopenhagen, 1887.

*

Ostgrönland

Wo man hinschaut, ein Weiß, monoton, ohne Abwechslung, ohne Linien und ohne Horizont. Einige Passagiere in der DASH 7 blättern gelangweilt in einer Zeitung, andere verbringen den Flug im Schlaf. Scheinbar ohne Ende breitet sich die riesige Eisfläche über das Innere von Grönland aus, und erst nach zwei Stunden Flug tauchen plötzlich aus dem weißen Nichts bizarre Bergspitzen auf. Es muß die Ostküste sein. An diesem wohl einsamsten Teil der Erde leben Menschen, und wir sind aufgebrochen, ihre Lebensweise und ihre Tradition kennenzulernen.

Die Eskimos an der Ostküste sind zusammen mit den Polareskimos im Nordwesten die letzten reinrassigen Eskimos von Grönland. Im Vergleich mit den Polareskimos, über die zahlreiche Studien und Bücher veröffentlicht wurden, ist über die Eskimos an der Ostküste sehr wenig bekannt. Die Bevölkerung im Westen Grönlands hat seit dem 17. Jahrhundert, als die ersten europäischen Walfängerflotten an den Küsten auftauchten, ununterbrochen Kontakt mit den Weißen und unterlagen somit ihrem Einfluß. Im Laufe der Zeit vermischten sich die Eskimos mit den Europäern. Man spricht daher von Grönländern.

Lange Zeit glaubte man, daß das Gebiet um Ammassalik an der Ostküste unbewohnt sei. Erst 1884 »entdeckte« der Däne Gustav Holm bei seiner »*Frauenbootexpedition*« die Bewohner dieser Gegend. Für diese Eskimos – (man zählte etwa vierhundert Menschen) – war es der erste Kontakt mit Weißen. Ursache für diese jahrhundertelange Isolation waren starke Polarströme und dichtes Packeis, das die Ostküste praktisch unzugänglich machte. Vermutlich haben die Walfänger die hohen Berge gesehen, aber das gefährliche Packeis vor der Küste ließ eine Landung nicht zu. Auf ihrer Weiterfahrt erreichten sie eine viel mildere Westküste. An der Ostküste verhinderte die Natur jahrhundertelang jeden Einfluß der zivilisierten Welt.

Ammassalik ist gegenwärtig mit seinen 1.200 Einwohnern die bedeutendste Siedlung der Ostküste. Unser eigentliches Ziel aber ist Sermiligâq, ein Dorf ca. 90 Kilometer südlich von Ammassalik. Sermiligâq hat etwas Besonderes, denn es ist eines der wenigen Dörfer Grönlands, deren Bevölkerung noch fast ausschließlich von der Jagd lebt. Das Fleisch ihrer Beute essen sie, und die Felle werden in dem kleinen Dorfgeschäft verkauft. Die Menschen von Sermiligâq leben noch ganz in und mit der Natur. Jeden Tag haben sie mit den Naturelementen zu kämpfen, die im hohen Norden nicht gerade mild und angenehm sind. Wie spielt sich das Leben in einem solchen Dorf ab? In welchem Maße hat sich die sogenannte Zivilisation seit dem ersten Kontakt mit uns Europäern dort entwickelt? Welche Überlebenschancen hat so eine archaische Jagdgemeinschaft in unserer Zeit?

Der Lebensraum der Eskimos erstreckt sich über eine Entfernung von rund 10.000 Kilometern, von Alaska über N-Zentralkanada, zur Atlantikküste, von Labrador bis zur Ostküste Grönlands. In diesem ungeheuer ausgedehnten Gebiet lebten sie, in kleine Gruppen zerstreut, an den Küsten oder entlang der Flüsse. Man schätzt die Zahl der Eskimos heute auf 80.000 bis 90.000 Menschen. Trotz der großen Entfernungen bilden diese Menschen anthropologisch, kulturell und sprachlich eine Einheit. Als Bewohner arktischer und subarktischer Gebiete haben sie zwei Probleme gemeinsam: die Kälte und den Hunger. Der tägliche Kampf hat die Lebensweise, Kultur und Tradition dieser Menschen entscheidend beeinflußt. Doch es wäre falsch, alle Eskimos über ein und denselben Kamm zu scheren. Obwohl die Beringsee-Eskimos im äußersten Westen von Alaska in Sprache, Jagdmethoden, Lebensgewohnheiten und Kultur viele Gemeinsamkeiten mit ihren Brüdern an der Ostküste Grönlands haben, unterscheiden sie sich doch erheblich voneinander.

Die meisten Eskimogruppen lebten geografisch isoliert. Sie waren von den anderen Siedlungen und der Außenwelt völlig abgeschnitten, so daß jede Gruppe eine eigene Entwicklung durchmachte. Es blieb ihnen nichts anderes übrig, als sich an die jeweiligen harten und unfreundlichen Umweltgegebenheiten anzupassen, wollten sie überleben. Eskimos aus südlicheren Gebieten wurden von indianischen Kulturen beeinflußt. »Eskimos sind kleine Menschen, in Pelze gehüllt, die im ewi-

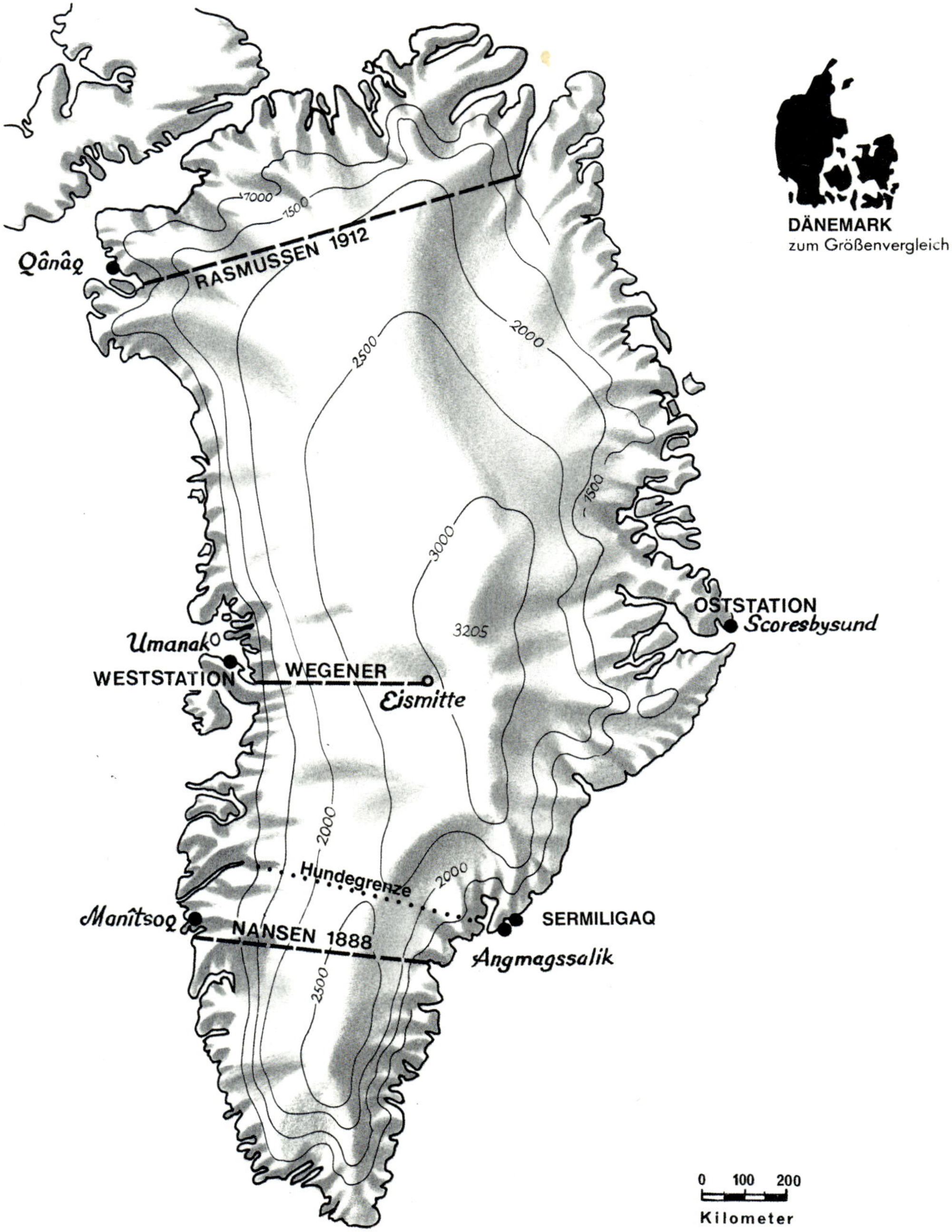

DÄNEMARK
zum Größenvergleich
Qânâq
RASMUSSEN 1912
1000
1500
2000
2500
3000
3205
OSTSTATION
Scoresbysund
Umanak
WESTSTATION
WEGENER
Eismitte
Hundegrenze
Manîtsoq
NANSEN 1888
SERMILIGAQ
Angmagssalik
0 100 200
Kilometer

gen Eis in Iglus leben, rohes Fleisch essen und dem Gast die Frau offerieren...« – unsere Klischeevorstellung stimmt nur wenig mit der Realität überein. Dieses Buch handelt in erster Linie von den Bewohnern der grönländischen Ostküste, speziell von Erlebnissen und Erkenntnissen im Dorf Sermiligâq.

Kennenlernen

Eine Stunde früher als wir vor einigen Tagen abgesprochen hatten, erscheinen Josua und Pavia in unserem Basislager. Beide Eskimos sollen uns in ihrem kleinen Motorboot nach Sermiligâq bringen. Wir wissen aus Erfahrung, daß diese Menschen sich Fremden gegenüber eher zurückhaltend und reserviert verhalten. Es ist auch ihr gutes Recht. Für uns Europäer ist es schwer, sich an das Leben der Eskimos zu gewöhnen. Sobald sie dies bemerken, schlägt ihre Zurückhaltung in beißenden Spott und Ironie um.

Wir haben unsere zwei Buben, 11 und 13 Jahre alt, dabei. Kinder sind spontaner und weniger argwöhnisch als Erwachsene. Vielleicht erleichtert uns das den Zugang zu diesem Volk des Nordens? Sermiligâq liegt 25 Kilometer von unserem Basislager entfernt, im selben Fjord. Unser Boot fährt langsam. Hohe und kahle, mit Schnee und Gletschern bedeckte Berge ziehen an beiden Seiten des Fjords vorbei. Kein Mensch, kein Haus, kein Baum, – nichts. Ein rauhes und unwirtliches Land. Hell leuchtende Eisberge werden nur durch Ebbe und Flut belebt. Sie segeln anscheinend lautlos durch den Fjord. Nur wenn man nahe an ihnen vorbeifährt, hört man ihre Stimmen: Knistern und Rauschen in einer eindrucksvollen Eiswelt. Kleinste Kristalle und größte Kolosse treiben an uns vorbei. Sie leuchten in einem strahlenden Weiß, oder Hellblau, Türkis, Lila und Rosa. Im Kontrast hierzu: das tiefblaue Wasser. Die eine Seite des Eises ist spiegelglatt, die andere Flanke gerибbt, ausgebuchtet oder tief eingeschnitten. Die Natur als ein großer Bildhauer.

Nach gut zwei Stunden Fahrt, tauchen unerwartet kleine Holzhäuser auf. Sie stehen auf graubraunen Felsen. Das muß Sermiligâq sein. Josua und Pavia steuern sicher in den kleinen Hafen. Ein Haufen Kinder steht neugierig am hölzernen Kai. Unsere zwei Begleiter helfen zwar beim Entladen des Bootes, verschwinden aber gleich wieder, nachdem sie uns einen Platz für das Zelt gezeigt haben. Er liegt weit außerhalb des Dorfes. Nur die Kinder, die uns lärmend gefolgt sind, bleiben. Neugierig betrachten sie uns, während wir die Zelte aufbauen. Vor allem unsere zwei blonden Jungen, Waldo und Irwin, erwecken ihre Aufmerksamkeit; die Zurückhaltung weicht. Als die Eskimokinder merken, daß wir Steine für die Zeltverankerung suchen, schleppen sie ganze Steinhaufen heran, oft mehr als sie tragen können. Spontan beginnen sie mit Waldo und Irwin einige Kraftspiele. Ob die großen weißen Buben stark sind? Sehr beliebt ist das Fingerhakeln, ein typisches Eskimospiel. Dabei werden Zeige- oder Mittelfinger miteinander verhackt und jeder versucht nun, die Hand des Gegners gegen seinen Brustkorb zu ziehen. Jedes Kind, ob klein oder groß, will sich mit Irwin und Waldo messen. Wir richten unterdessen das Lager ein. Es fällt uns bald auf, daß diese Naturkinder unseren Buben deutlich an Kraft, Beweglichkeit und Schnelligkeit überlegen sind. Selbst die Kleinsten klettern wie Gemsen in den steilen Felsen herum. Es dauert nicht lange, bis Waldo und Irwin mit ihren neuen Freunden im Dorf verschwinden. Ein paar Kinder bleiben jedoch bei uns im Lager.

Joachim, ein kleiner Junge, mit rundem Gesicht, untersucht plötzlich mit Interesse die kleinen Härchen auf meinen Armen. Daß da Haare wachsen, sehr eigenartig! Auch Martin wird untersucht: seine große Nase, sein Bart und der Adamsapfel. Staunend tastet Joachim langsam einen Körperteil nach dem anderen ab und schaut Martin dabei unsicher in die Augen. Und so viel Haare auf der Brust! Währenddessen stehen die anderen Eskimokinder schüchtern lachend um uns herum. Bei Waldo und Irwin sollen sie ihre Neugierde noch weiter treiben: Beide werden plötzlich von einer Gruppe festgehalten, dann wird ihnen die Hose ausgezogen. Die Umstehenden geben lachend ihren lustigen

Kommentar dazu. Wir sind für diese Kinder wie Wesen von einem anderen Planeten.

Die Eskimos selbst gehören der asiatisch-mongolischen Rasse an. Sie haben ein eckiges, flaches Gesicht. Die Nase ist hoch, gerade und flach. Eskimos haben durchwegs dunkelbraune Schlitzaugen und dikke, glatte schwarze Haare. Ein Eskimo mit Bart ist selten, auch fehlen ihm die Körperhaare. Sein Körperbau ist klein und breit, der Rumpf selbst lang, aber im Vergleich zu Mitteleuropäern sind seine Gliedmaßen, Hände und Füße, etwas kürzer. Eskimos haben viele Merkmale gemein mit dem mongoliden Typ. Eigenartig erscheint aber, daß der Großteil von ihnen der Blutgruppe O angehört, während der reinrassige mongolide Mensch die Blutgruppe B besitzt.

Heute wird allgemein angenommen, daß zwischen 60 000 und 50 000 v. Chr. Mitglieder der mongoliden Rasse aus dem Nordostasiatischen Raum über die Beringstraße nach Nordamerika einwanderten. Asien und Nordamerika waren bis zum Ende der zweiten Eiszeit (23 000-8 000 v. Chr.) durch eine Landbrücke verbunden. Jahrtausende hindurch zogen diese Menschen von Ost nach West, ohne sich bewußt zu sein, einen anderen Erdteil zu betreten. Hier am amerikanischen Kontinent, zogen sie in Richtung Südost und erreichten eisfreie Gebiete. Während der 2. Eiszeit schloß sich die Eisbarriere, und so wanderte man weiter in Richtung Süden, erreichte Südamerika. Man vermutet, daß die Vorfahren der heutigen Eskimos im Laufe dieser Völkerwanderung, am Ende der letzten Eiszeit, über die Landbrücke der Beringstraße von Sibirien nach Nordamerika einwanderten. Dabei verfolgten und jagten sie anfangs das Mammut, den Bison, Moschusochsen und Rentiere. Um 7 000 v. Chr. stieg dann der Wasserspiegel der Beringstraße an, und die Region erhielt ihre heutige Gestalt. Die hier im Norden lebenden Menschen paßten sich den veränderten Umständen an und jagten nunmehr Meeressäugetiere, wie Seehunde, Walrosse oder Wale.

Über den Ursprung einer echten Eskimokultur bestehen noch Zweifel. So entdeckte man z. B. die ältesten Funde nicht in Alaska, sondern in Nordzentralkanada, in dem Gebiet zwischen dem Athabaskasee und

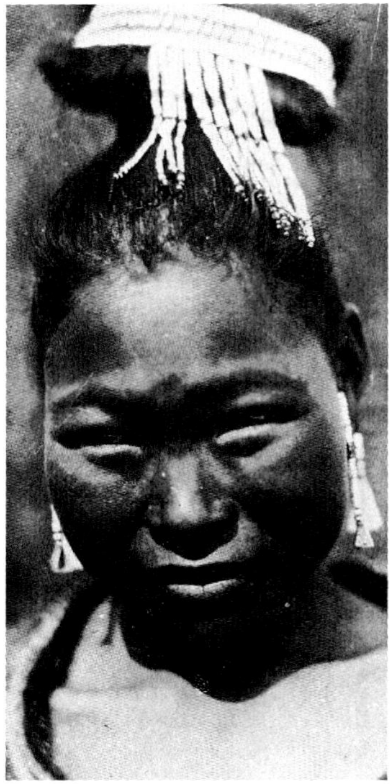

Eskimomädchen aus Ammassalik mit traditioneller Haartracht um 1905/06. Der Frauentausch war bei den Eskimos etwas ganz Natürliches. Man sicherte sich auf diese Weise die Nachkommenschaft und vermied Inzucht. (Foto: W. Thalbitzer)

dem großen Bärensee. Verschiedene Ethnologen halten diese Region im arktischen Kanada für die Geburtsstätte der Eskimokultur. Mit Sicherheit kann bewiesen werden, daß die Einwanderer in der Neuen Welt, getrieben durch Verschlechterung des Klimas, auf der Suche nach neuen Jagdgebieten, sich von West nach Ost und in südöstlichen Richtungen bewegten. Im Norden waren die Gebiete frei und unbewohnt. Weiter im Süden lag das Territorium von Indianerstämmen, die den Fremdlingen meist feindlich gesinnt waren. Es gab zudem wenig Gemeinsamkeiten.

Ethnologen vermuten, daß der Norden von Grönland um 2 500 v. Chr. besiedelt wurde. Vollkommen erforscht ist die Frühgeschichte der Eskimos bis zum heutigen Tag noch nicht. Es fehlen noch zu viele Steine in diesem Mosaik, so daß selbst die wahrscheinlichste Theorie noch immer eine Hypothese bleibt.

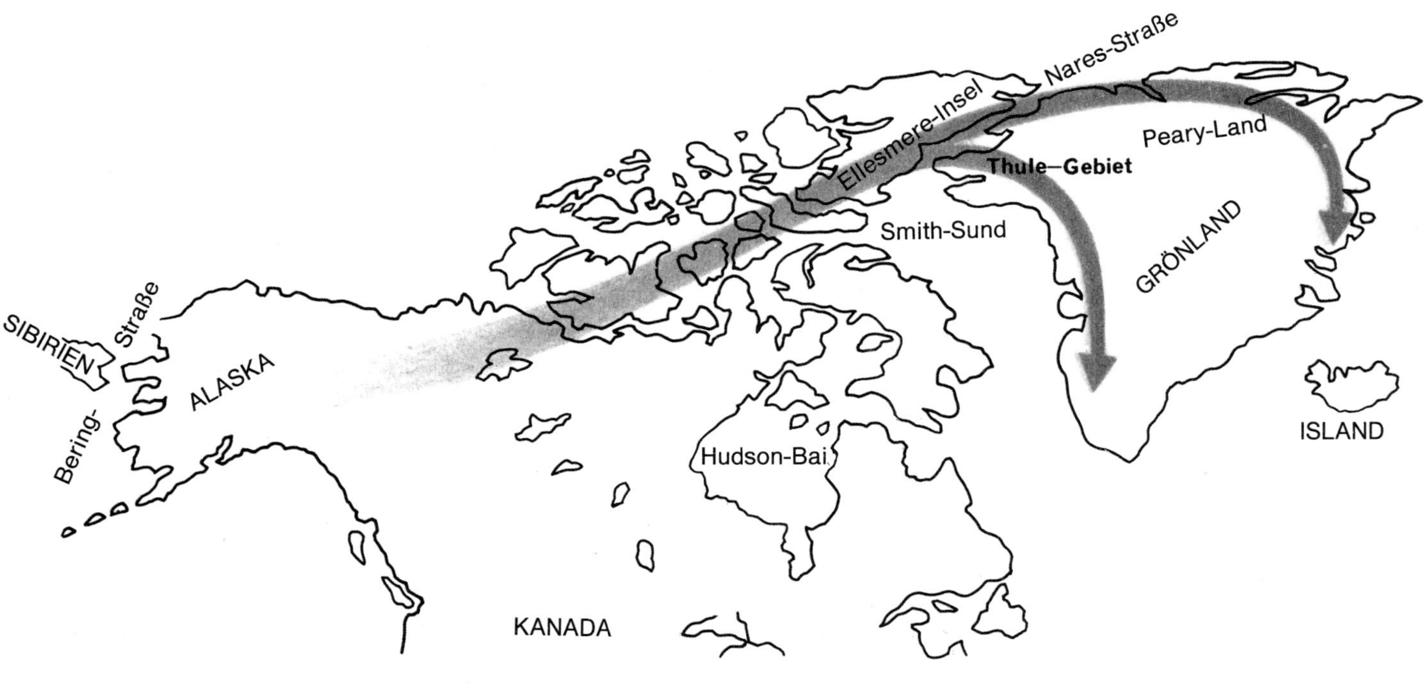

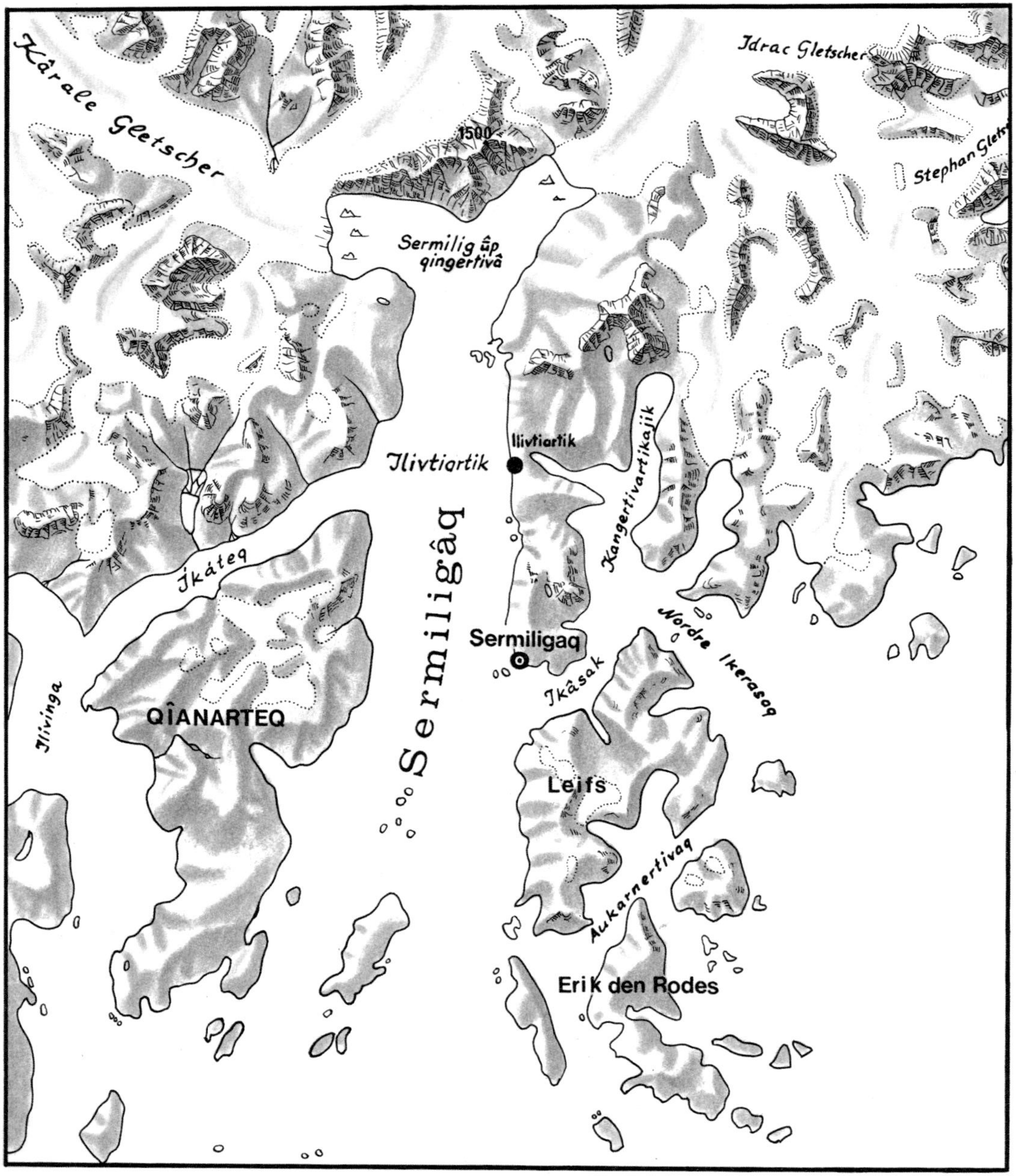

1 0 2 4 6 8 10 12 14 16 18 20 22 24 25 Kilometer

1 Millimeter=250 Meter

Das Dorf

»Morgen, um 8 Uhr, holt mich mein Freund Noa ab«, sagt Irwin an unserem ersten Abend in Sermiligâq. Auf meine Frage, wie er das absprechen konnte, weiß er keine Antwort. Sie haben sich einfach verstanden. Waldo und Irwin haben keine Probleme mit ihren neuen Freunden, obwohl sie sich vorerst nicht verständigen können. Mit Händen, Füßen und ein paar Brocken Englisch verdeutlichen sie gegenseitig, was sie voneinander wollen. Zwischen Irwin und Noa Maratse, – so heißt der 10-jährige Eskimojunge –, entwickelt sich bald ein instinktives Einverständnis. Der kleine Eskimo hat oft ein Gespür dafür, wann Irwin etwas will. Manchmal will Irwin zum Spielen nach draußen. Bevor er jedoch etwas sagen kann, greift sein neuer Freund ihn am Arm und geht. Ähnlich bemerkt Noa, wenn Irwin Hunger hat und schenkt ihm unerwartet rohe Muscheln. Vom zweiten Abend an schlafen unsere beiden Jungen auch bei ihren Freunden. Damit werden sie vollständig in die Dorfgemeinschaft aufgenommen. Sie müssen die Hunde füttern und Wasser holen, alles tun, was auch von den Eskimokindern verlangt wird. Beide bleiben bis einen Tag vor unserer Abreise im Dorf.

Kontakt mit den erwachsenen Eskimos zu bekommen, ist wesentlich schwieriger. Bei unseren Spaziergängen durch das Dorf grüßen sie uns aus gebührender Entfernung. Ein Lächeln, ein Nicken, nicht mehr. Wir fühlen jedoch, daß sie jede unserer Bewegungen beobachten. Die Kinder dagegen laufen auf uns zu und streiten, wer unsere Hände anfassen darf.

Sermiligâq zählt 120 Einwohner, die sich auf 35 Familien verteilen. Jede Familie wohnt für sich in einem kleinen Holzhaus. Häuser, die nicht auf felsigem Untergrund stehen, sind auf Pfählen errichtet, so daß die kalte Luft darunter durchziehen kann. So wird verhindert, daß der Permafrost, der selbst im Sommer den Boden gefroren hält, durch die Eigenwärme der Hütten aufgeweicht wird, und die ohne Fundament errichtete Behausung der Eskimos einstürzen würde. Früher lebten die Bewohner in Grassodenhäusern. Erst die Dänen führten Holz-

häuser ein und scheinbar auch gleich die Vorhänge, denn an jedem Fenster finden sich Gardinen. An einem Wirrwarr von Leinen flattert die Wäsche im Wind. Daneben hängen Seehundfelle und manchmal auch ein Eisbärfell zum Trocknen. Berge verrosteter Fässer, Fischkonserven, alte Batterien, Flaschen, Sprühdosen, Plastikreste, der ganze Abfall liegt wahllos zwischen den Hütten. Anscheinend ist das Dorf auf einem riesigen Abfallhaufen errichtet worden. Eskimos haben die Angewohnheit, alles was sie nicht mehr brauchen einfach dort wegzuwerfen, wo sie gerade gehen und stehen. Das Meer und der kleine Hafen bleiben dabei nicht verschont. Im Sommer ist das ein häßlicher Anblick, aber im Winter (acht bis neun Monate) deckt der Schnee diese Sünden zu. Bevor Europäer diesen Menschen den Segen der Zivilisation brachten, bestand der Abfall ausschließlich aus organischen Stoffen (alte Häute, Fleischreste, Knochen), die sich im Laufe der Zeit selbst auflösten.
Zweimal im Jahr, wenn im Frühling das Eis aufreißt, und bevor der Fjord im Herbst wieder zufriert, kommt ein Schiff aus Ammassalik. Es bringt Tee, Kaffee, Batterien, Musikkassetten, Walkmen, Zigaretten, Alkohol, Make-up, Obst, Gemüse, Zucker und Süßigkeiten. Die Verpackungen bleiben als traurige Überreste. Auch hier, bei den Bewohnern des hohen Nordens, hat die europäische Kultur mehr oder weniger Einzug gehalten.

Die Bewohner und ihre Kinder stört der Unrat im Dorf nicht. Selbst die Hunde streunen darin herum. Der Erfindungsgeist der Kinder kennt bei diesem Abfall keine Grenzen. Mit dem Schädel eines toten Hundes kann man Fußball spielen, ein Holzbrett eignet sich als Rutschbahn, und die Styroporverpackung des Außenbordmotors kann man zu einem kleinen Ruderboot umfunktionieren.

Die Umgebung des Dorfes ist ein einziger Spielplatz. Die Kinder suchen Steine, sammeln Schwarzbeeren, oder springen von Tonne zu Tonne. Spielsachen, mit denen bei uns die Kinder spielen, sieht man im ganzen Dorf noch nicht, ausgenommen zwei Bälle und ein undefinierbares Eisengestell, das sich bei näherem Betrachten als ein altes Fahrrad entpuppt. Wie das hierher kommt? Auch bei Wind und Regen spielen

→ *Sommer in Ostgrönland. Getrieben durch die Gezeiten, segeln die Eisberge durch die Fjorde. Sie können bis zu 50 Jahre alt werden.*

←
Sermiligâq aus der Vogelperspektive. Das kleine Dorf an der Ostküste, mit seinen 30 Häuschen, ist im Winter neun Monate hindurch von der Außenwelt völlig isoliert. Hier leben die Einwohner noch das ursprüngliche Jägerleben ihrer Vorfahren.

←
Treibeis an der Ostküste Grönlands. Jeden Augenblick können die riesigen Eismassen wie Glas durch starke innerliche Spannungen zerbersten.

→ *Trockenfische als Vorrat für den langen Winter.*

→ *Ein kleiner Eskimojunge aus Sermiligâq. In Kraft, Beweglichkeit und Schnelligkeit sind diese Naturkinder unübertrefflich.*

←
Sermiligâq liegt am Sermilikfjord und zählt ca. 120 Einwohner. Wenn am Abend die Nebelschwaden durch den Fjord ziehen, bedeutet dies für die Einwohner schönes Wetter.

←
Früher lebten die Eskimos hier in einfachen, halb in den Boden gebauten Hütten. Erst die Dänen führten Holzhäuser ein, die auf Pfählen stehen, so daß jederzeit die kalte Luft darunter durchziehen kann. Dadurch wird ein Auftauen des Parmafrostes verhindert.

→

Die Tankstelle von Sermiligâq. Solange der Vorrat und auch das Geld reichen, kaufen sich hier die Jäger Benzin für ihre Motorboote.

→

Im Dorfgeschäft ist alles zu bekommen: Kekse, Süßigkeiten, Bier, Zigaretten, Schuhe, Kleider, Jagdwaffen, Radios und Videogeräte. Nur das Geld ist bei den Kunden oft Mangelware …

←
Oft brausen im Winter schwere Schneestürme über das Land. Die kleinen, mit Stahlseilen abgesicherten Hütten bieten dann wohlige Wärme und Geselligkeit.

→
August. Es ist Sommer und Ferienzeit für die Kinder von Sermiligâq. Auch bei Kälte und Regen spielen sie jetzt im Freien, als ob sie das »Licht« doppelt genießen wollten.

U.NA

←
Das Haus von Gideon Bajare. Die kleinen Holzhäuser sind durchwegs gemütlich eingerichtet. An den Wänden hängen Heiligenbilder und Fotos der Familie. Selbst im Sommer sind die Häuser so überheizt, daß sich die Männer mit nacktem Oberkörper darin aufhalten.

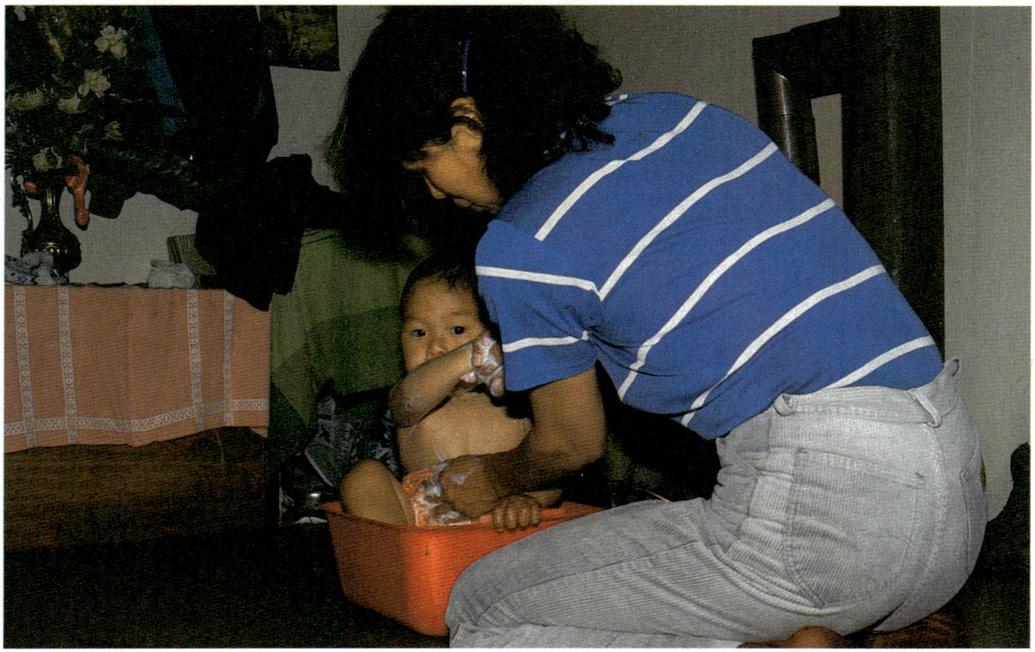

←
Heute wird Körperpflege auch bei den Eskimos großgeschrieben.

→
*Kinder in Sermiligâq mit einem jungen Schlittenhund.
Der Ort ist übersät mit Abfällen, für die es keine andere Entsorgung zu geben scheint.*

←
Bevor die Europäer den »Segen der Zivilisation« brachten, bestand der Abfall der Siedlung aus organischen Stoffen, die sich im Laufe der Zeit selbst auflösten. Der »moderne« Abfall verrottet nicht und gibt dem Dorf im Sommer einen häßlichen Anblick. Im Winter deckt der Schnee diese Sünden zu (unten).

→

Ein Bild, das keine Spuren der traditionellen Kultur erkennen läßt. Der Kontakt mit der übrigen Welt hat innerhalb von rund 40 Jahren das Gesicht des Dorfes gänzlich verändert. So hat auch das Motorboot den Kajak verdrängt.

→

Sermiligâq hat keine zentrale Wasserversorgung. Einen Kilometer vom Ort entfernt liegt das Wasserloch. Jedes bißchen Wasser, das die Bewohner brauchen, muß unter beschwerlichen Umständen nach Hause geschleppt werden.

←
Eskimos lieben das gesellige Beisammensein. Sie nutzen jede Gelegenheit zum Spiel, sei es während einer Jagdpause oder zu Hause.

die Kinder von Sermiligâq im Freien. Nur mit Jeans und einem Hemd bekleidet, zittern sie oft vor Kälte. Es ist Mitte August, Tag und Nacht hell. Es ist Sommer- und Ferienzeit für die Kinder von Sermiligâq.

Im September beginnt wieder die Schule. Zwei Lehrer bringen den Eskimokindern Lesen, Schreiben und Rechnen, sowie ein bißchen vaterländische Geschichte und Erdkunde bei. Der eine Lehrer ist Thorwald Taunajik, ein Eskimo aus Sermiligâq, der andere, ein Däne, – jedes Jahr ein anderer. Kein Wunder, daß er kein Wort der Eskimosprache versteht. Eskimos haben keinen Zahlenbegriff. Sie brauchen ihn auch nicht. In ihrer Sprache zählen sie nur bis zehn, weiter bis zwanzig auf Dänisch. Alles, was mehr als zwanzig ist, wird mit »viel« bezeichnet. Eigene Maßsysteme kennen sie ebenfalls nicht. Bestimmte Längen wurden bisher mit den Händen gezeigt, oder man maß entlang des Beines. Nur langsam setzen sich europäische Maße durch.

Sieben Eskimos aus dem Dorf lehren den Mädchen das Nähen von Fellen und das Stricken, den Buben die Jagdpraktiken und den Gebrauch der Hundeschlitten. In naher Zukunft soll u. a. das Bauen der Iglus, das in Grönland schon lange in Vergessenheit geraten war, als Lehrfach eingeführt werden. Trotzdem sind die Voraussetzungen für die Schulkinder von Sermiligâq nicht gerade ideal: ein Lehrer, der die Sprache nicht spricht, und ein paar Lehrbücher in Westgrönländisch und Dänisch.

Das Westgrönländisch ist mittlerweile zur offiziellen Sprache in Grönland geworden. Dieser Dialekt ist aber völlig anders als die Sprache, die im Osten des Landes gesprochen wird. Vor 1890 hatten die Ostgrönländer sehr wenig Kontakt mit der Außenwelt, so daß ihre Sprache sich eigenständig entwickelte. Will ein Ostgrönländer z. B. ein Gymnasium besuchen, muß er nach Nuuk, der Hauptstadt Grönlands. Diese liegt aber an der Westküste, und das gesamte Bildungssystem orientiert sich an Westgrönland. Der Ostgrönländer versteht zwar teilweise den fremden Dialekt, sprechen kann er ihn aber nicht. Heutzutage haben die Ostgrönländer Kontakt mit der westgrönländischen und dänischen Sprache über Radio und gedruckte Medien. Glücklicherweise werden inzwischen in Nuuk junge Grönländer zu Lehrern ausgebildet. 1982 erhielten 42 ihr Diplom, so daß die Grönländer ihre Kinder bald selbst in der eigenen Sprache unterrichten können.

Vierzig Prozent der Bewohner von Sermiligâq sind jünger als 20 Jahre. Soll ihre Existenz weiter von der Jagd auf Seehunde, Eisbären und Wale abhängen? Sollen sie in der Tradition ihrer Vorväter und Väter leben? Wie lange werden sie noch in ihrem Dorf zufrieden leben können, wenn die westliche Kultur mit ihren Verlockungen und den katastrophalen Auswirkungen immer weiter in ihr Leben eindringt?

Zwischen Müll und Kindern leben auch die Hunde, die Huskies, des Dorfes. Jede Familie besitzt acht bis zehn dieser Tiere, die im Sommer arbeitslos sind. Sie liegen entweder angekettet zwischen den Hütten, oder laufen frei im Abfall herum, um etwas Freßbares zu finden.

Ohne erkennbaren Grund fängt im Dorf irgendwo ein Hund an zu heulen. Im Nu schließen sich alle anderen dem klagenden Geheul an. Eine eigenartige Stimmung liegt dann über dem Dorf. Die Hunde sehnen den Winter herbei. In dieser Jahreszeit sind sie wieder in ihrem Element und für ihre Besitzer lebensnotwendig, während die Vierbeiner im Sommer kaum Beachtung finden. Gefüttert werden sie in dieser Zeit gerade nur so viel, daß sie nicht verhungern.

In den meisten Teilen der Eskimowohngebiete Grönlands verwenden die Jäger im Winter schon das Snowmobil. Nicht so in Sermiligâq. Die Jagdgebiete sind dafür ungeeignet. Hohe Schneeverwehungen und vielfach schlechte Sicht und bergiges Gelände lassen eine Fahrt mit dem Snowmobil lebensgefährlich werden. Die Huskies, die auch bei Temperaturen von -30 bis -40 Grad Celsius im Freien leben, sind an das Gelände gewohnt. Sie ahnen instinktiv Gefahren, die überall lauern. Vier bis sechs Hunde spannt der Jäger vor seinen Schlitten, und er weiß hervorragend mit diesen Tieren umzugehen. Es herrscht dabei ein derber Umgangston. Trotzdem bilden Jäger und Hunde während eines Jagdzugs eine starke Geschlossenheit.

Der Wolkenbruch

Tagelang laufen wir im Dorf zwischen Kindern, Hunden und Abfall herum. Mit den Erwachsenen von Sermiligâq haben wir, außer einem freundlichen Gruß, noch immer keinen Kontakt. Während Waldo und Irwin scheinbar keine Kommunikationsprobleme haben, spüren wir die Sprachbarriere als großes Hindernis. Nur der Eskimo Johan Uitsatikitseq spricht ein paar Worte Englisch, als einziger im Dorf. Er war einige Jahre in Dänemark, wo er Mechaniker lernte, und arbeitet nun als Angestellter bei der kleinen Poststation von Sermiligâq. Johan ist für uns momentan die einzige Ansprechperson.

Seit wir an diesem Teil der Ostküste von Grönland sind, haben wir schönstes Wetter. Die Sonne scheint, und tagsüber herrschen Temperaturen bis zu 10 Grad Celsius. Es klingt unglaublich für Grönland, aber auf windgeschützten sonnigen Plätzen steigt das Thermometer sogar bis 35 Grad Celsius. Nun schlägt das Wetter aber total um. Dunkle Wolken jagen über das Dorf. Ab und zu regnet es. Das Thermometer fällt auf null Grad. Die Kinder von Sermiligâq wärmen sich mit Lauf- und Ballspielen auf. Wir haben bemerkt, daß der kleine Hafen der Mittelpunkt der Ortsgemeinschaft ist. Wenn wir Kontakt knüpfen wollen, dann nur hier. Das schlechte Wetter kann uns daher nicht aufhalten, gleich dorthin zu gehen. Nicht nur, weil uns Fremde das jederzeit geschäftige Treiben interessiert. Jäger kommen von der Jagd mit drei oder vier Seehunden zurück, die sie an ihre kleinen Motorboote gebunden haben. Ein anderer Eskimo repariert seinen Außenbordmotor. Auf einem Felsen weidet eine Frau einen Seehund aus, während ihr Mann still dabei zuschaut. Diese Arbeit ist eben Sache der Frauen.

Das Wetter bleibt regnerisch. Obwohl wir wasserdicht angezogen sind, zehrt der kalte Regen an unserem Gemüt. Gelegentlich sehen wir einen unserer Söhne beim Wasserholen. Die Wasserstelle ist eine natürliche Quelle, die an einem Bergrücken liegt. Manchmal sehen wir einen von ihnen, wenn er mit einem Korb voll rohem Fleisch in irgendeinem Haus verschwindet. Wir freuen uns darüber. Sie sind bereits zu

Mitgliedern der Dorfgemeinschaft geworden, während wir immer noch wie Ausgestoßene herumlaufen. In unserem Zelt ist alles feucht und klamm. Auch der Gaskocher protestiert gegen die Kälte. Die kleine Flamme braucht fast eine Stunde um etwas Wasser für den Tee zu erwärmen. In der Nähe unserer Zelte steht auf Pfählen ein großes Holzhaus, in dem die Eskimos ihre Fische zum Trocknen aufhängen. Darunter finden wir einen trockenen Platz zum Kochen.

Es scheint, als wollten die Eskimos testen, wie lange wir dieser Kälte trotzen können. Der Regen läßt nicht nach. Mittlerweile wird auch der Wind immer stärker. Wir kauern gerade in unserem Unterstand, als Waldo auftaucht. Er erzählt uns begeistert was er in »seiner Familie« zu Abend gegessen hat: gekochtes Seehundfleisch und rohe Leber. Die rohe Leber runter zu bekommen, kostete ihn viel Mühe. Später haben sie einen James-Bond-Film angeschaut. Waldos Familie besitzt einen Videorecorder, Anziehungspunkt für viele Nachbarn. Es ist gut zu wissen, daß die Jungen bei diesem Wetter eine trockene und warme Unterkunft haben.

Auf einer kleinen Flamme versuchen wir eine Kleinigkeit warmzumachen. Der Duft zieht die Kinder an. Neugierig klettern sie über die Felsen zu uns herab, um unsere Küche zu probieren. Dem einen schmeckt es sichtlich, die meisten aber schlucken unsere Kost verächtlich hinunter. Daraufhin gehen sie zu dem kleinen Bach, der drei Meter von unserer Kochstelle entfernt vorbeiläuft. Dort legen sie sich in einer Reihe auf den Bauch und trinken gierig. Unsere Kost ist ihnen viel zu pikant und gesalzen. Trotzdem kriechen sie wieder zu uns herein, um aufs Neue zu probieren.

Wir nutzen rasch die Gelegenheit, von diesen Kindern einige Wörter ihrer Sprache zu lernen. Das Eskimo ist eine polysynthetische Sprache, mit keiner anderen Sprache der Welt verwandt.

Währenddessen nimmt der Wind immer mehr zu. Er heult, der Himmel ist gelb und schwarz. Typische Vorzeichen für einen Sturm, der wenig später unser Zelt mit voller Gewalt trifft. Die Zeltwände werden einmal wie ein Luftballon aufgebläht, um gleich wieder total in sich zusammenzufallen. Dazu prasselt der Regen kräftig. Wir spannen noch mehr Sturmleinen und setzen neue Heringe, damit das Zelt die Angriffe der Natur übersteht. Es hilft leider nicht viel. Wir liegen angezogen auf unseren Schlafsäcken und beraten. Wo schlafen wir für den Rest unseres Aufenthaltes, wenn der Sturm unsere Behausung in Stükke reißt? Die Zeit drängt. Gerade als wir uns entschließen, das Zelt einfach umzulegen, um dann irgendwo unter Felsen zu biwakieren, erscheint ein dunkles Eskimogesicht: »Akki, akki!« – Komm, komm! Ohne weitere Worte zu verlieren, bedeutet er uns, ihm zu folgen.

Wir schauen verdutzt, überlegen aber nicht lange. Gemeinsam legen wir das nasse Zelt um, beschweren es mit großen Steinen und folgen dem Eskimo, der bereits in der nassen Finsternis verschwunden ist. So rasch wir können, folgen wir ihm. Der Regen peitscht in unser Gesicht, und heftige Sturmböen bringen uns aus dem Gleichgewicht. Gideon Bajare, – (seinen Namen erfahren wir erst später) –, scheint das alles nicht zu stören. Wie ein Schatten springt er von Fels zu Fels. An einer breiten Felsspalte wartet er, um uns zu helfen. Dann eilt er weiter. Über Sermiligâq hängt ein pechschwarzes breites Wolkenband. Die Eisberge im Fjord erscheinen noch weißer und treiben gespenstisch am Dorf vorbei. Der Sturm verzerrt das Geheul der Hunde und fegt es über die Felsen. Es bleibt uns aber jetzt keine Zeit für diese Eindrücke. Plötzlich verschwindet der Eskimo in einem der Holzhäuser.

Verteilte Rollen

Schiffbrüchigen gleich, völlig durchnäßt, kommen wir in einen kleinen, überfüllten Wohnraum. Überall liegen Kinder und Erwachsene am Boden und schlafen. Oder doch nicht? Unter den Decken hervor schauen neugierige Schlitzaugen. Eine alte Frau hilft uns beim Ausziehen der nassen Kleidung und hängt sie an das Gestell eines alten Eisenofens. Der strahlt Hitze für zwei aus. Aus der nebenan liegenden kleinen Küche kommt eine junge Frau mit einer Thermoskanne und vielen Tassen.

»Kappee, Kappee«, flüstert sie uns schüchtern zu. »I-i-i-i-i«, nikken wir breit, als wären wir echte Eskimos. »Itita« – Bitte!« »Guana!« – Danke! Wir sind froh darüber, von den Kindern des Dorfes bereits einige Eskimowörter gelernt zu haben.

Der Kaffeeduft lockt ein paar Eskimos unter den Decken hervor. Sie zwängen sich zu uns an den langen Tisch, an dem wir mittlerweile Platz genommen haben. Eine hell leuchtende Petroleumlampe steht darauf. Das Wohnzimmer ist spärlich möbliert. Nur zwei Sofas und ein Sessel stehen um den Tisch. An den Wänden stehen große Pappschachteln, aus denen Kleidung und Wäsche herausschauen. Kleiderschränke gibt es nicht. Viele kleine Polaroidfotos von Eskimos, ein Heiligenbild und kunstvoll angefertigte Perlendecken sind der einzige Wandbehang. In dem kleinen Geschäft des Dorfes werden diese Perlen in allen Farben zum Kauf angeboten.

Nachdem die Eskimos ihren Kaffee ausgetrunken haben, verschwinden sie wortlos wieder unter den Decken. Der Sturm rüttelt ohne Pause an dem kleinen Holzhaus, so daß wir das Gefühl haben, es fliegt jeden Augenblick mit uns allen weg. Das Haus steht völlig ungeschützt auf dem höchsten Felsen, direkt am Meer. Wir legen uns einfach neben die anderen auf den Boden. Die alte Frau gibt uns Decken. Der Ofen erzeugt eine angenehme Wärme. Neben mir steht ein Eisenkübel, in den ohne Pause Wasser von der Decke tropft. Der Wind ist so stark, daß er den Regen durch kleinste Spalten und Ritzen ins Hausinnere drückt. Auf den schmalen Fensterbänken liegen Tücher, um das Wasser aufzusaugen. Kaum bin ich ein bißchen eingeschlafen, steht ein junger Eskimo auf, geht in die Küche und schlürft rohe Muscheln. Bestimmt eine halbe Stunde lang. Mit einem genüßlichen Rülpsen legt er sich dann wieder auf seinen Platz zwischen den anderen. Mir gelingt es nicht einzuschlafen, zu viele Geräusche halten mich wach.

Noch ist es Nacht, und ich muß eilig auf die Toilette. Ich kann nichts anderes finden, als einen halbvollen Eimer in einer Ecke der Küche. Ein Bad in unserem Sinne gibt es nicht. Kaum liege ich wieder, als sich die alte Frau aufsetzt, dabei fürchterlich hustet und sich eine Zigarette anzündet. Freundlich lächelt mir die Alte zu. Dann steht sie auf, windet die Decken an den Fenstern aus und legt sie sorgfältig zurück. Auch der Eimer neben mir wird ausgeleert. Langsam vergehen die Stunden. Ohne Pause das Geheul der Hunde.

Es ist zehn Uhr vormittag, und wir sitzen gemütlich am Tisch, auf dem Kaffee, Margarine und Marmelade stehen. Wie zu Hause, denke ich zufrieden. Plötzlich kommen Noa und Irwin die Treppe herunter, wir hatten also im selben Haus Unterschlupf gefunden. Nach dem Frühstück räumen die Frauen den Tisch ab, waschen das Geschirr und reinigen das kleine Wohnzimmer. Die Männer bleiben dabei sitzen, erzählen und rauchen. Im Augenblick gibt es für sie nichts zu tun. Sie warten auf das Ende des Sturmes, um dann wieder auf die Jagd gehen zu können. Die Jungen holen in großen Eimern Wasser von der Wasserstelle, die etwa einen Kilometer von hier entfernt liegt. Im Winter wird einfach Schnee oder ein Eisstück aufgetaut.

Heute ist Waschtag, in der Küche liegen Haufen von Wäsche. Zwei junge Frauen spülen und wringen mit den Händen Wäschestück für Wäschestück in einer großen Wanne aus. Die Männer sorgen für frisches Wasser. Inzwischen schabt die alte Frau in einer Ecke der Küche mit dem Frauenmesser, dem »Ulu«, das Fett von einem Seehundfell und spannt das Fell auf ein Holzgestell zum Trocknen. Die Arbeit ist verteilt, ohne Diskussion und Widerrede übernimmt hier jeder seine Funktion.

Martin und ich gehen neugierig zu unseren Zelten. Wie haben sie die stürmische Nacht überstanden? Alles ist naß. Wir sind froh, bei Gideon untergekommen zu sein. Die Zelte sind zum Glück unversehrt. Alles wird schnell eingepackt und in Gideons Haus gebracht, wo ich alle Kleidungsstücke ausdrücke und auf das bereits überfüllte Gestell am Eisenofen hänge. Allmählich beginnt es an allen Ecken und Enden zu tropfen. Zwei Eskimofrauen wechseln einen Blick und holen unsere Wäsche herunter, um diese noch besser auszudrehen. Sorgfältig hängen sie dann alles wieder auf. Nichts tropft mehr...

Physische Kraft und Prestige sind männliche Ideale. Sowohl Erwachsene als auch kleinere Jungen messen gerne ihre Beweglichkeit und Kraft miteinander bei Wettstreit und ausgeklügelten Kraftspielen.

3-DIMENSIONALE DARSTELLUNG DER OSTKÜSTE GRÖNLANDS
UM DAS DORF SERMILIGAQ VON SW

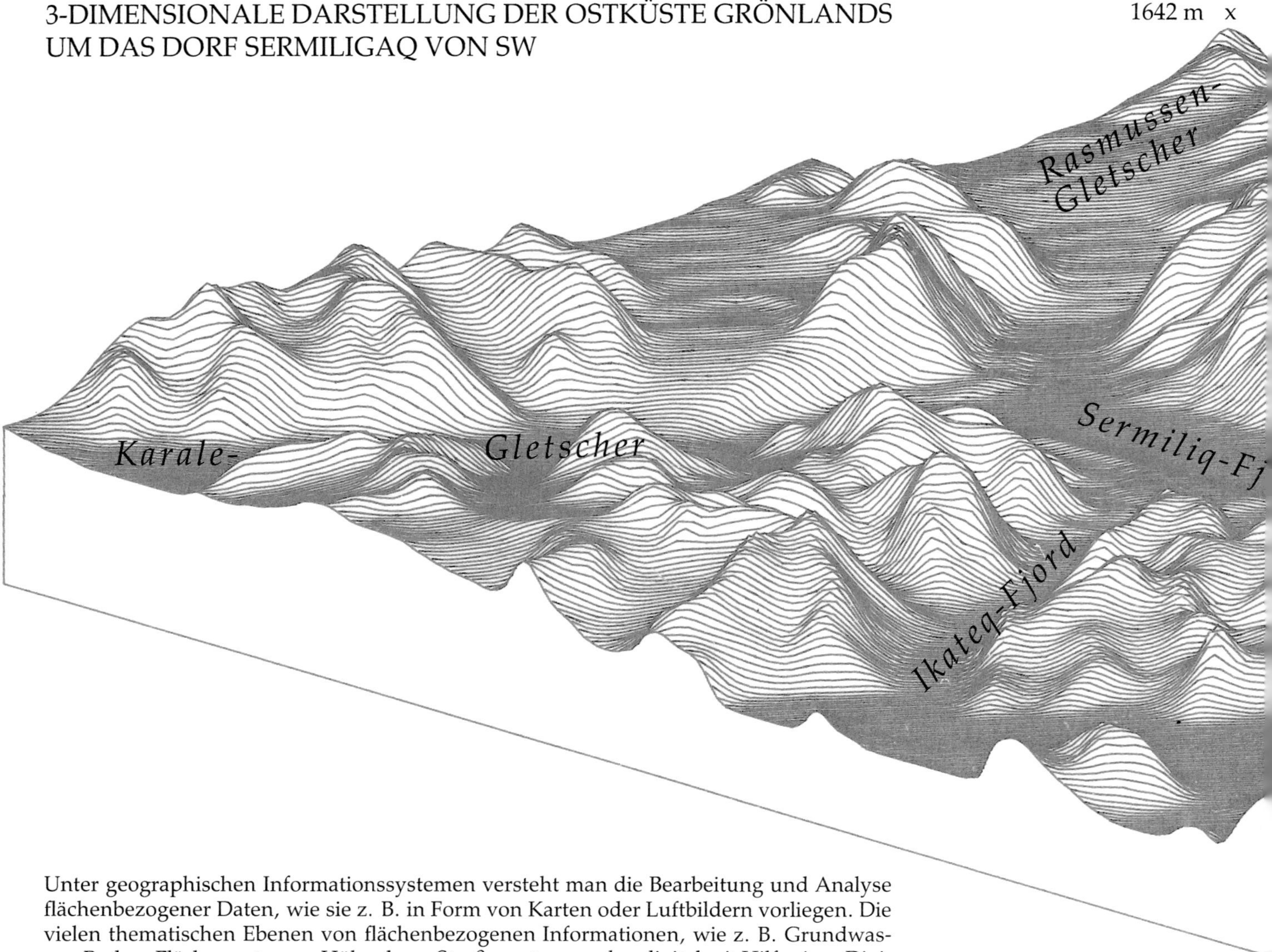

Unter geographischen Informationssystemen versteht man die Bearbeitung und Analyse flächenbezogener Daten, wie sie z. B. in Form von Karten oder Luftbildern vorliegen. Die vielen thematischen Ebenen von flächenbezogenen Informationen, wie z. B. Grundwasser, Boden, Flächennutzung, Höhenlage, Straßen, etc., werden digital mit Hilfe eines Digitalisiertabletts oder optisch-elektronisch durch sogenannte »Scanner« erfaßt und können dann in Form von Koordinaten mit den zugehörigen Informationen in einem Computer verarbeitet werden.
Dabei können sowohl verschiedene thematische Ebenen miteinander verschnitten oder integriert ausgewertet, als auch je nach Fragestellung statistische Analysen über Veränderun-

gen in Zeit und Raum durchgeführt werden. Typische Beispiele solcher Anwendungen sind etwa Risikoanalysen im Bereich der Umweltforschung, Ressourcemanagement und die Lösung komplexer Planungsprobleme.

Eine besondere Form der Auswertung ist die Darstellung der Geländeoberfläche als 3-dimensionales Modell, wie hier abgebildet. Man sieht einen Ausschnitt der Ostküste Grönlands um das Dorf Sermiligâq, das etwa in der Mitte des Modells am Fuße des Uneg's liegt, aus der Vogelperspektive. Nach oben, zur Ecke hin, sieht man den Rasmussen-Gletscher aufsteigen.

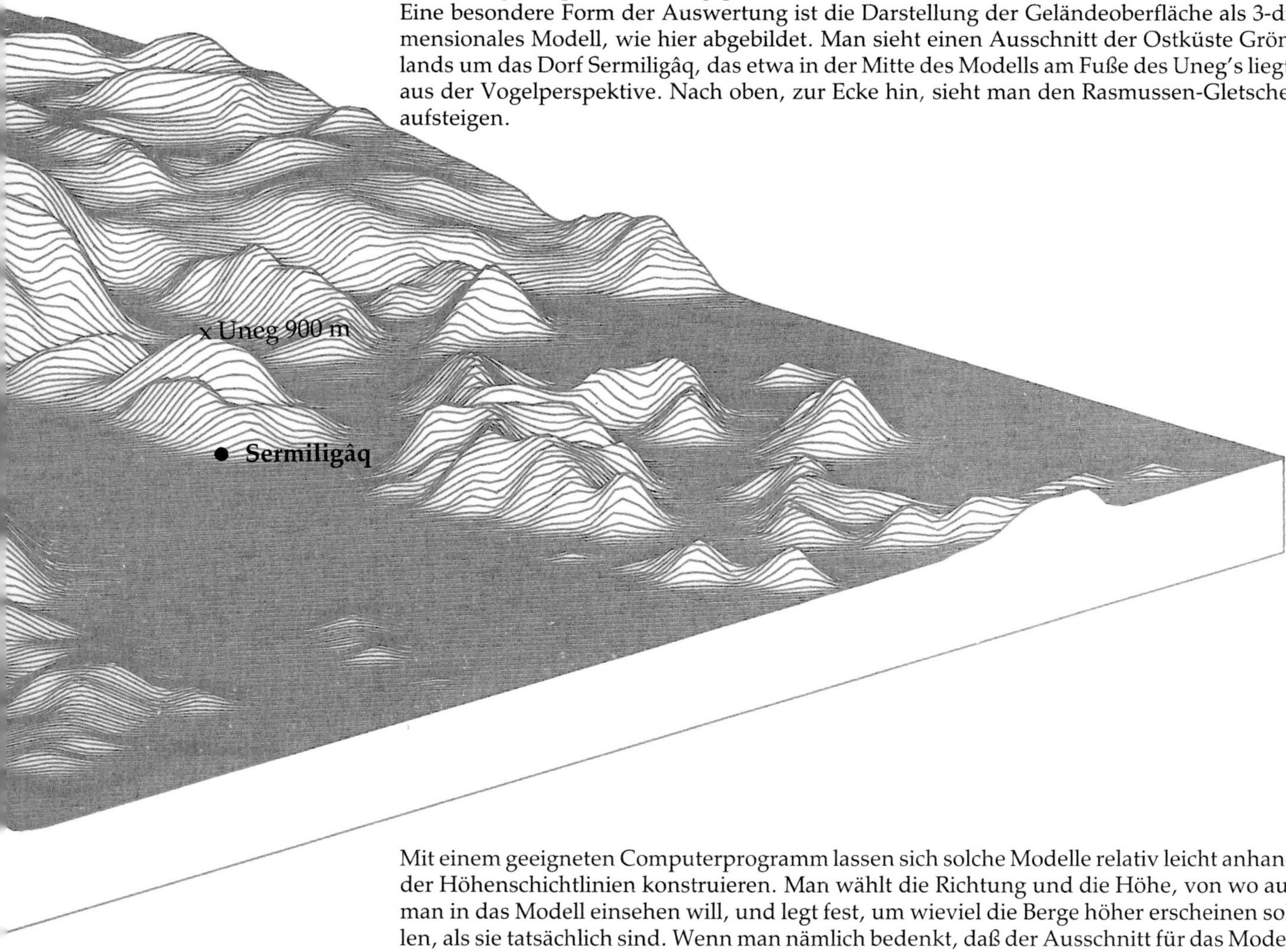

Mit einem geeigneten Computerprogramm lassen sich solche Modelle relativ leicht anhand der Höhenschichtlinien konstruieren. Man wählt die Richtung und die Höhe, von wo aus man in das Modell einsehen will, und legt fest, um wieviel die Berge höher erscheinen sollen, als sie tatsächlich sind. Wenn man nämlich bedenkt, daß der Ausschnitt für das Modell in Wirklichkeit von West nach Ost eine Länge von über 30 km aufweist, die höchste Erhebung dagegen nur bei etwa 1400 m liegt, würde man bei originalgetreuer Abbildung kaum ein Relief erkennen können. Hier macht also Übertreibung im wahrsten Sinne des Wortes anschaulich und erleichtert das Erkennen und Beobachten dynamischer Prozesse, wie zum Beispiel die Veränderung der Topographie durch Gletscherbewegungen oder Erosion.

Auch der Körperbau wird gerne verglichen. Dabei sind Körpergröße, Bizeps, Hände und Finger am wichtigsten. Man betastet sich gegenseitig und macht dazu lustige Bemerkungen. Die Frauen werden bei solchen Spielen ausgeschlossen. Natürlich ist Martin für solche Kraftspiele ein interessantes Objekt. Einer der beiden Eskimomänner gilt im Dorf als großer Eisbärjäger. Vor ein paar Wochen erst, schoß er, knapp 50 Kilometer von Sermiligâq entfernt, zwei Eisbären. Wer einen Bär erlegt, genießt großes Ansehen unter den Dorfbewohnern. Das Gesicht des Mannes zeigt markante Züge. Sein Oberkörper ist kräftig gebaut. Martin und Gideon sind ihm beide kräftemäßig unterlegen. Die Jungen verfolgen mit Spannung das Fingerhakeln und Arm-runter-drücken der drei Männer.

Noas Schwester läßt sich währenddessen nicht von ihrem Strickzeug abhalten. Es ist gemütlich in der kleinen Eskimowohnung. Obwohl wir zu zehnt im Raum sitzen, herrscht eine ruhige Atmosphäre. Jeder ist mit irgend etwas beschäftigt, oder schaut dem anderen zu. Die Gespräche werden leise geführt. Wir versuchen etwas zu verstehen, aber es ist unmöglich. Nicht nur Wortschatz und Grammatik, auch die Aussprache fällt uns Europäer sehr schwer. Die Kehllaute werden durch den kaum geöffneten Mund gepreßt.

Die junge Frau ist nun mit ihrer Wäsche fertig und spielt mit ihrem Baby auf dem Sofa. Als dem Kind die Nase läuft, saugt die Mutter dem Kind den Rest einfach mit dem Mund weg. Dann hebt sie die Bluse hoch und kratzt sich ungeniert an der Brust. Es ist für sie die natürlichste Sache der Welt. Später wäscht sie den Kleinen in einer Babywanne auf dem Boden. Überhaupt werden die meisten häuslichen Arbeiten auf dem Boden verrichtet.

Wir versuchen von Gideon und dem Bärenjäger etwas über die Jagd zu erfahren. Mit Händen und Füßen machen wir uns gegenseitig verständlich. Langsam begreifen wir einiges. Dabei versuchen wir die paar gelernten Eskimowörter zu verwenden und den Wortschatz zu erweitern. Für uns ist es nicht leicht, die Kehllaute richtig durch den Hals zu pressen. Die Eskimos freuen sich über unser Bemühen und müssen aus vollem Herzen über unsere Sprachkünste lachen. Zur Abwechslung

→
Das Frauenboot, das »Umiak«. Es hatte Platz für mehrere Personen und trug seinen Namen zu recht, denn es wurde meistens von Frauen gerudert. (Foto: W. Thalbitzer, 1906)

wärme ich für die ganze Familie eine von uns mitgebrachte Fertigsuppe. Der Sturm vor der Hütte macht es hier drinnen nur noch gemütlicher. Wir alle genießen das »Andere vom anderen«.

Jetzt sind wir in Gideons Familie aufgenommen.

*

Geister, Schamanen und Trommeltänze

»Ich hörte diese Geschichte von meinem Vater und der von seinem Vater und der von seinem Vater... Sie spielt an einem Fjord. Immer wieder passierte es, daß Jäger, die in diesem Fjord jagten, nicht mehr zurückkamen, sie verschwanden spurlos. Daraufhin beschlossen die Jäger, nicht mehr in dem Fjord zu jagen. Nur Kajaangaq (Der Mann, der immer rudert) war neugierig, das Rätsel des geheimnisvollen Fjords zu erfahren und zu lösen. Er nahm sein Kajak und ruderte in den Fjord hinein. Als er bereits eine Zeitlang gerudert war, hörte er plötzlich ein lautes Rufen. ›Kajakmann, Kajakmann, komm her!‹

Kajaangaq ruderte weiter in die Richtung, aus der die Stimme kam. Als er näher an das Ufer kam, sah er dort eine alte, häßliche Frau stehen. Sie war so häßlich, daß Kajaangaq Angst bekam und mit dem Rudern aufhörte. Die alte Frau rief ihm zu: ›Kajakmann, komm an Land!‹ Kajaangaq antwortete: ›Ich kann erst an Land gehen, wenn die Flut kommt‹. Das tat er dann auch. Während er das Kajak am Ufer festband, sagte die alte Frau zu ihm: ›Komm, komm in mein Haus‹. Der Kajakmann folgte ihr. Im Haus bat sie ihn, sich zu setzen, und holte aus ihrer Vorratskammer im Boden etwas zu essen. Sie bot ihm Schwarzbeeren und eine Menschenhand zu essen an. ›So etwas habe ich in meinem ganzen Leben noch nicht gegessen‹, sagte der Jäger erschrocken. Daraufhin holte ihm die häßliche Frau Eisbärfleisch mit Menschendaumen. Auch das verweigerte Kajaangaq. ›Dann bekommst du eben nichts!‹ rief die Alte erbost. Als es bereits spät nachts war, gingen beide zu Bett. Die Frau legte die Schwarzbeeren, die Menschenhand und das Fett in das Bett des Jägers. Kajaangaq durfte nicht einschlafen. Er wußte plötzlich, daß diese alte, häßliche Frau eine Gefahr für ihn darstellte. Als die Frau in einen tiefen Schlaf gesunken war, schmierte der Jäger das Fett und die Schwarzbeeren in ihr Gesicht, so daß sie nichts mehr sehen konnte. Dann lief er schnell weg.

Als Kajaangaq weit genug vom Ufer entfernt war, drehte er sich noch einmal um. Da sah er, wie die Alte am Strand ein großes Messer mit einem Schleifstein schärfte. Rasend vor Wut rief sie: ›Wenn du zurückkommst, töte ich dich mit meinem Messer, so wie ich all die anderen Jäger getötet habe‹. Kajaangaq ruderte so schnell er konnte zu seinen Freunden zurück und erzählte ihnen sein Abenteuer. Fünf Jäger, Angerkardaat (Der Älteste), Najanga (Der Mann, der immer hinfällt), Kianga (Der Mann, der immer schreit), Malaagi (Der Mann, der nicht in die Tiefe schauen kann) und Aligula (Der Mann, der das Blut mag), der Medizinmann, beschlossen, gemeinsam mit Kajaangaq die alte Frau zu töten. Am folgenden Morgen machten sie sich mit ihren Kajaks auf den Weg. Die Jäger hatten ihre Pfeile, Harpunen und Messer dabei. Als sie endlich in der Nähe der Hütte waren, warteten sie auf die Dunkelheit. Erst dann gingen sie an Land und schlichen sich ganz vorsichtig zur Hütte. Aligula, der Medizinmann, hypnotisierte die Alte in der Hütte. Als sie fest schlief, bohrten die Jäger Löcher in die Wände der Hütte. Durch diese Löcher schossen sie ihre Pfeile und Harpunen in die Alte. Plötzlich fing die Alte schrecklich zu schreien an. Sie wollte aus der Hütte, konnte aber nicht, denn die Pfeile und Harpunenschäfte verspreizten sich in der Tür. Langsam verstummten die Todesschreie im Inneren der Hütte. Erst als es ganz still in der Hütte war, trauten sich die Jäger hinein. Die Alte lag tot auf dem Boden. Nun konnten die Jäger sich mit ihren Familien gefahrlos an diesem Platz ansiedeln und in Ruhe jagen.« In dem kleinen Zimmer ist es mäuschenstill geworden. Johan ist der einzige Eskimo im Dorf, der etwas Englisch spricht. Er erzählt sein Märchen zuerst in seiner Sprache, dann für uns in gebrochenem Englisch. Die Frauen haben ihre Hausarbeit niedergelegt, und die Kinder hören mit dem Spielen auf. Selbst der Kleinste im Raum, der gerade mit den Knöpfen des Videogerätes spielte, hört mit viel Interesse seinem Vater zu. Es ist scheinbar so, als ob das Erzählen zur Seltenheit geworden ist.

Vor weniger als 60 Jahren beschlossen die Eskimos aus dem Ammassalikdistrikt, sich fest in ihrem ehemaligen Winterjagdgebiet anzusiedeln. Es gab dort genug Tiere, und mit europäischer Hilfe bauten sie auf den braungrauen Felsen ihre Hütten. Sie gaben ihrem Dorf den Namen Sermiligâq, welcher bedeutet: »wo die Eisberge herkommen«.

Sermiligâq liegt am Anfang eines Fjordes, der 40 Kilometer weiter landeinwärts an den Gletscherausläufern des Inlandeises endet. Zwei riesige Gletscher, der Karale- und der Knud-Rasmussen-Gletscher entledigen sich täglich Stück für Stück ihrer eisigen Last. Das Inlandeis sorgt für Nachschub. Unter Getöse stürzen riesige Eisbrocken aus der Vorderkante der Gletscher in den Fjord. Der Wind und die Gezeiten sind die Antriebskräfte dieser Eisberge. Bevor sie das offene Meer erreichen, segeln sie an Sermiligâq vorbei und geben dabei der Umgebung des Dorfes immer ein anderes Gesicht. Man kann stundenlang dieses Geschehen verfolgen.

Nur ein Zehntel eines Eisberges bekommt man aufgrund seines spezifischen Gewichtes zu Gesicht, die anderen neun Zehntel liegen unter Wasser. Für die Schiffahrt und die Jäger mit ihren kleinen Booten, mit denen sie im Sommer jagen, stellen diese Kolosse eine große Gefahr dar. Ohne Vorwarnung kann ein Eisberg plötzlich kentern und erzeugt dabei meterhohe Wellen. Wehe dem, der sich dann zu nahe an ihn herangewagt hat. Hat der Eisriese dann sein Gleichgewicht wiedergefunden, setzt er die Reise stillschweigend fort.

Wenn man Glück hat, kann man einen Eisberg beim Bersten beobachten. Ursache dafür sind die enormen Spannungen, die in ihm auftreten. Im Winter frieren die Eisberge im Fjord oder im Eismeer fest und warten als prächtige Glaspaläste auf den Sommer; erst dann beginnt ihre Weiterreise.

Mit nacktem Oberkörper sitzt Johan im Schneidersitz auf dem Boden des kleinen und warmen Wohnzimmers. Ab und zu zieht er an seiner Pfeife und nutzt dabei die Pause, um nach Wörtern zu suchen. Dann erzählt er weiter über sein Dorf, seine Menschen und seine Umgebung.

Er wohnt mit noch sieben Familienmitgliedern im ältesten Haus des Dorfes. Das Gebäude ist noch kleiner als das unseres Freundes Gideon. Der enge Vorraum ist voll mit Schüsseln und Kleider, dazwischen liegt das Gewehr und verschiedene Harpunen. Da steht auch der Eisenkübel, der als Toilette dient. Das Wohnzimmer bietet acht Menschen Unterkunft. Hier wird gewaschen, gegessen, gekocht, gespielt, gearbeitet, und geschlafen... Hier spielt sich das tägliche Leben ab. In der Ecke steht ein großes Bett, worin Johan mit seiner Frau und den kleinsten Kindern schläft. Der Rest der Familie schläft auf dem Sofa oder auf dem Boden. Seit altersher wohnen meist drei Generationen, oft auch noch zusammen mit anderen Verwandten, in einem Haus.

Johan lädt uns ein, mit seiner Familie zu essen. Wir sitzen in einem Kreis auf dem Boden um einen kleinen Pappkarton. Darin liegt schwarzes Fleisch, rohe Leber und große Stücke Fett. Alles stammt von einem Seehund. Die Eskimos greifen nach dem Fett und dem Fleisch. Sie stecken ein großes Stück in den Mund und schneiden es dann vor dem Mund mit einem scharfen Messer ab. Dazu kommt noch eine Handvoll Schwarzbeeren. Das Blut des Seehundes wird zum Trinken angeboten. Wir bedanken uns herzlich und geben uns mit einem Stück getrocknetem Seehundfleisch zufrieden. Nach dem Essen wäscht sich jeder sein Gesicht, Arme und Hände in einer Schüssel mit wenig Wasser. Auch uns wird dies angeboten. Eine Frau räumt die Reste der Mahlzeit beiseite und reinigt den Boden.

Neben Brot mit Margarine, Kaffee, Tee und verschiedenen Süßigkeiten, die sie in dem kleinen Geschäft im Dorf kaufen können, besteht die Ernährung der Eskimos hauptsächlich aus Seehundfleisch, ob roh, getrocknet oder gekocht. Im Winter wird das Blut der Robben in einem Magensack im Freien aufgehängt, bis es fest ist. Eine Delikatesse der Eskimos. Rohe Muscheln und Fisch, der in wenig Meerwasser gekocht wird, bereichern den Speisezettel. Walfleisch und Eisbärfleisch sind nicht alltäglich, da diese Tiere nicht häufig gefangen werden. Das Eisbärfleisch wird sehr lange gekocht, die Leber ist ungenießbar, da sie zuviel Vitamin A enthält. 200 Gramm davon wären tödlich.

Obwohl die meisten Eskimos eine Uhr tragen, haben sie keine feste Zeiteinteilung. Der Begriff Zeit spielt kein Rolle. In einer Eskimofamilie wird nicht regelmäßig gekocht oder zusammen gegessen. Wer Hunger hat, holt sich ein Stück Fleisch und ißt, wer müde ist, legt sich hin und schläft, solange er Lust hat.

Während Johans Frau Tee kocht, erzählt er weiter über sein Dorf. Dreimal pro Jahr, immer in der Sommerzeit, kommt aus Ammassalik ein Arzt, der für die medizinische Behandlung sorgt. Neben den vielen Jagdunfällen sind Erkrankungen der Atmungsorgane, z. B. chronische Bronchitis, die häufigste Todesursache bei den Bewohnern von Sermiligâq. Nur wenige Einwohner werden älter als 60 Jahre. Wird jemand schwer krank oder hat dringend ärztliche Behandlung nötig, so wird von der Poststation des Dorfes nach Ammassalik gefunkt. Ist es lebensnotwendig und läßt es das Wetter zu, so kommt der Hubschrauber aus Ammassalik und fliegt den Kranken ins Hospital. Ebenso wenn ein Kind geboren wird. Die zukünftige Mutter wird im Gegensatz zu früher, - da bekam sie ihr Kind unter den Frauen ihrer Familie –, auch nach Ammassalik transportiert. Heute noch geben die Eskimos von Sermiligâq einem Neugeborenem den Namen eines verstorbenen Familienmitgliedes. Sie glauben, daß auf diese Weise die Eigenschaften des vorigen Namensträgers auf das Kind übertragen werden. Zudem soll der Geist des Verstorbenen das neue Familienmitglied vor Gefahren und Unglück beschützen.

→
Die Geister der Eskimos sind überall: sie herrschen über das Land, das Meer, das Eis, über Mensch und Tier.

GEISTER

In einem Land, das gegenüber jeder Form von Leben mitleidlos hart ist, und die rauhen Naturelemente jeden Tag aufs Neue gnadenlos über das Leben seiner Bewohner entscheidet, sind die Menschen erfüllt von Furcht und Hoffnung. Die Eskimos glaubten nicht an einen Gott als allmächtiges Überwesen. Sie hatten nur Angst vor den Erscheinungen und Vorkommnissen in der Natur, die sie nicht unmittelbar erklären konnten. Die Geister sind überall: sie herrschen über das Land, das Meer, das Eis, auch über Mensch und Tier. Sie können schreckliche Stürme über das Land brausen lassen, oder dichten Nebel erzeugen. Sie können Menschen verschlingen oder Krankheit und Tod bringen. Die Geister machen das Leben schön oder unerträglich.

←
Ammassalik (Angmagssalik) ist die Hauptstadt der Ostküste und zählt rund 1.300 Einwohner.

←
Im Gebiet von Ammassalik, auf dem 65. Breitengrad, herrscht während der Wintermonate eine mittlere Temperatur von −20° C. Der Schnee liegt fünf bis sieben Meter hoch.

→
Die Eskimos glaubten nicht an einen Gott als allmächtiges Überwesen, als ihren Schöpfer. Vielmehr erfüllten die rohen Naturelemente des Landes die Menschen mit Furcht und Hoffnung.

←
Die Landschaft ist kahl. An der Ostküste herrscht im Sommer eine mittlere Temperatur von 4° C. Nur auf den Bergen liegen noch einige Schneefelder.

←
Mit Gudrun und Pauline wird auch in Sermiligâq der uralte Trommeltanz sterben.

→
Ein Schamanengrab. Jahrtausende hindurch regelten Schamanen das zwischenmenschliche Zusammenleben, denn sie hatten Verbindung mit den Geistern. In Sermiligâq starb 1920 der letzte Schamane.

←
Ewig »blühende«, bunte Plastikblumen schmücken die Gräber. Die Kreuze sind ein Zeichen des neuen Bekenntnisses zur christlichen Religion.

←
Ein altes, mit Steinen errichtetes Grab an der Küste.

Die Menschen an der Ostküste glaubten früher, daß die Sonne einst als Mädchen und der Mond als Junge auf unserer Erde lebten.

Im Jahr 1978 wurden in der Nähe von Qilakitsoq, Nordgrönland, zwei Gräber entdeckt, in denen sechs Frauen und zwei Kinder bestattet waren. Das Alter der Frauen lag zwischen 20 und 50 Jahren, das der Kinder betrug 4 ½ Jahre (Abb. rechts) und 6 Monate. Für die arktische Welt ist dieser Fund einmalig, denn er zeigt die Kleidung der Eskimos vor über 500 Jahren. Eine genaue wissenschaftliche Datierung ergab, daß die Gräber um ca. 1460 angelegt wurden. Bei den Toten handelte es sich um Angehörige der Thule-Kultur, deren Werkzeuge, Häuser und Gräber schon zuvor bekannt waren; zum ersten Mal aber wurden uns auch die Menschen dieser Epoche – tiefgekühlt und durch die Luft ausgetrocknet – vor Augen geführt.
Die Gräber waren mit flachen Steinen bedeckt und mit Moos ausgepolstert, die Leichen mit Seehund- und Rentierfellen bekleidet. Zwischen den Toten fand man noch ungefähr 80 Kleidungsstücke. Andere Grabbeigaben wurden nicht gefunden.

Abb. unten: Mumie einer ca. 25jährigen Frau.

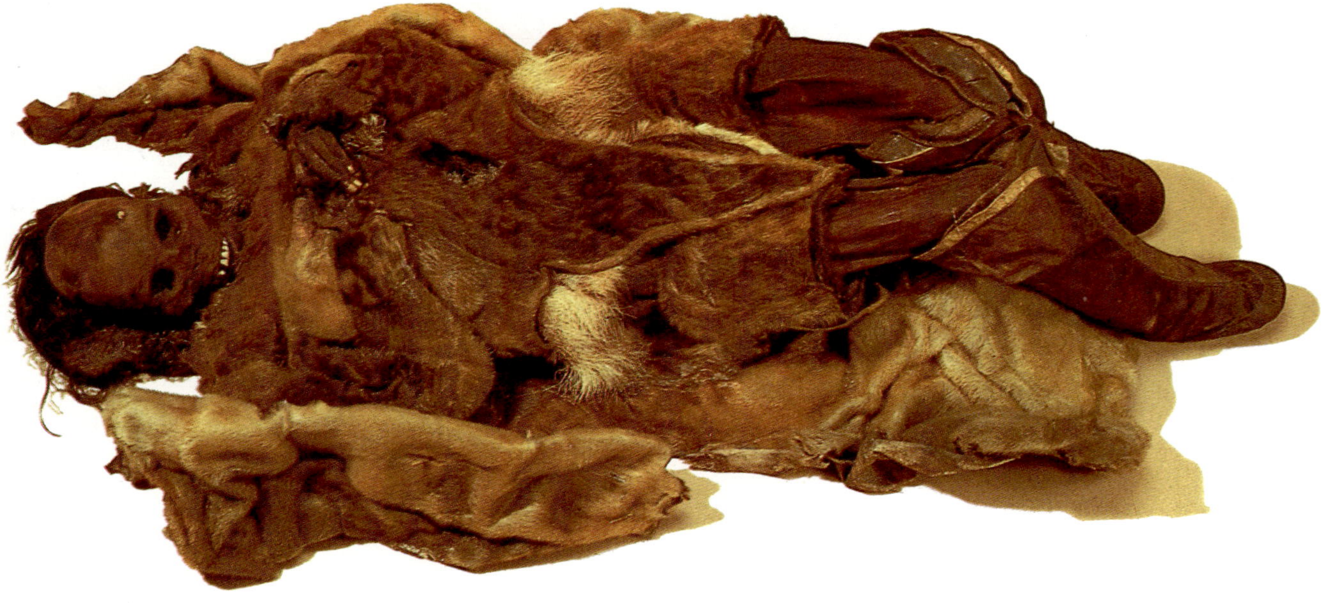

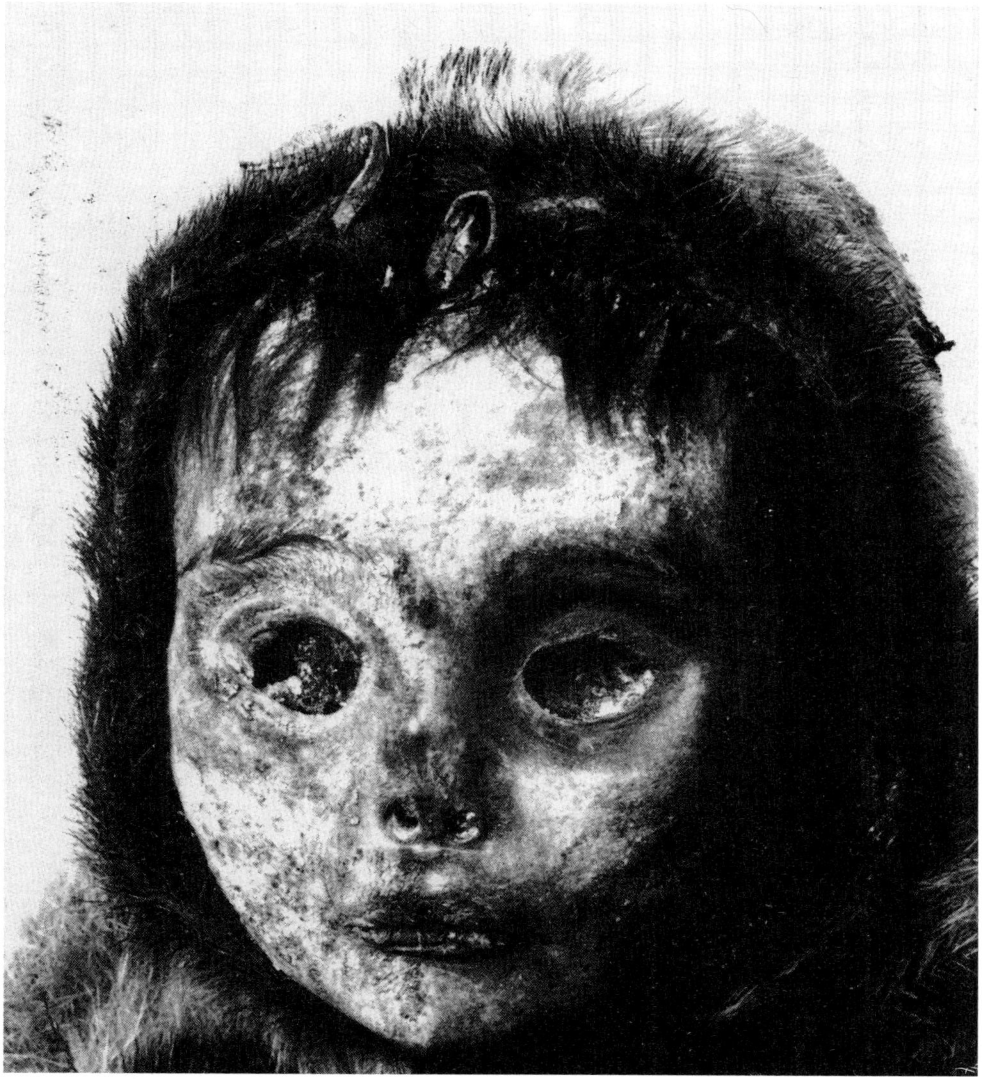

Um diese Geister günstig zu stimmen, mußten die Eskimos verschiedene Tabus beachten. Besonders während der Jagd war das Risiko für den Jäger sehr groß, die Geister zu erzürnen und ihren Zorn auf sich zu ziehen. Der Mensch ist ein unbedeutendes Wesen. Die Geister hatten alle Macht. Daher mußte der Geist des Eisbären vor und nach dem Töten des Tieres um Verzeihung gebeten werden. Verstieß der Jäger gegen diese Regel, brachte der Geist des Tieres Unglück. Tötete ein Eskimo einen Seehund, so mußte er über dessen Schnauze Süßwasser schütten, denn auch ein Seehund ist durstig. Der Geist des erlegten Seehundes wurde in einem anderen Seehund wiedergeboren, der sich dann wieder von einem Jäger töten ließ. Erbeutete in Ostgrönland ein junger Eskimo seinen ersten Seehund, so mußte er drei Tage warten um das Tier zu essen, auch wenn der Hunger noch so groß war.

Das Überleben der Eskimos hing immer von den Tieren ab. Deshalb ist es zu erklären, daß sie eine besondere Beziehung zu den Geistern dieser Tiere hatten. Viele Eskimomärchen und Mythen erzählen von Tieren, die menschliche Eigenschaften trugen.

In Ostgrönland fürchteten die Eskimos vor allem den Mondmann. Die Menschen in diesem Gebiet glaubten, daß früher die Sonne als Mädchen und der Mond als Junge, auf der Erde lebten. Der Junge ließ dem Mädchen keine Ruhe, so daß sie vor ihm in den Himmel flüchtete. Aber er folgte ihr nach, und seitdem leben sie als Bruder und Schwester im Reich der Sterne. Dort wacht der Mondmann streng über den Gehorsam der Menschen.

Wurde der Sturm zu wild, oder der Nebel zu dicht, oder verschwand der »Mondmann« zu lange vom Himmel, dann suchten die Eskimos Zuflucht in rituellen Bräuchen. Sie sangen magische Lieder und glaubten dabei, das Unglück auf Abstand zu halten und das Glück anzuziehen. Der Eskimo trug ein Amulett aus Elfenbein oder Knochen. Körperteile von toten Menschen und Tieren waren als Amulett sehr beliebt. In ihnen war ein Teil des Geistes zurückgeblieben, der dem Träger des Amuletts Glück brachte. Dieser Brauch hing eng mit dem Glauben zusammen, daß die Geister in allen Menschen, Tieren und Dingen gegenwärtig sind. In Ostgrönland bot z. B. der Zehennagel eines toten

Mannes Schutz, wenn er an der großen Zehe eines Kindes festgemacht wurde. Der Nagel des vierten Fingers sollte Krankheiten verhindern.

In Grönland gab es eine weitere Art von Amulett, den Tupilac. Dies waren kleine eigenartige Figuren mit Köpfen und Leibern der Geister aus der Sagenwelt.

Wenn kein Amulett, keine magischen Handlungen mehr halfen, wenn niemand mehr wußte, welche Regel verletzt worden war, dann mußte der Angakok, der Medizinmann des Dorfes, helfen. Der Angakok genoß Ansehen und wurde zugleich von seinen Mitbewohnern gefürchtet. Ein erfahrener Medizinmann gab sein Wissen und seine magischen Kräfte an einen geeigneten Nachfolger weiter. Meistens setzte der Vater seinen Sohn oder die Mutter ihre Tochter als Nachfolger ein. Es konnte nämlich auch eine Frau Angakok werden.

Die Funktion eines Medizinmannes bestand als Heiler, Priester und Zauberer. Er verstand die Sprache der Geister und konnte mit ihnen reden. Jeder Schamane hatte einen eigenen Hilfsgeist. Dies war meist der Geist eines Verstorbenen. In Grönland hatte jeder Schamane mehrere verschiedene Hilfsgeister, die ihm zur Seite standen. Das Seelenheil des Dorfes lag in seinen Händen. Er begleitete den Geist eines Verstorbenen mit Beschwörung, Trommeltänzen und Ekstase ins Jenseits. Krankheiten waren das Werk von bösen Geistern. Mit Austreibungsritualen versuchte der Angakok diese Geister wieder aus den befallenen Körpern zu vertreiben. Ganz selten verwendete er Heilmittel. Hatte der Angakok bei einem Kranken keinen Erfolg, so stellte niemand die Heilkunde des Medizinmannes in Frage. Starb der Kranke, so waren die bösen Geister zu stark.

Mit verblüffender Zauberei, allerlei Tricks und einer Portion Glück, versuchte der Schamane das Vertrauen seiner Mitbewohner zu gewinnen. Er nahm seine Arbeit sehr ernst und vertraute selbst auf seine übernatürlichen Kräfte. Im Osten der Arktis hatte der Schamanismus sehr viele Elemente von Voodoo und Hexerei. Als Gustav Holm 1884 die Eskimos im Gebiet von Ammassalik entdeckte, beobachtete er ein solches Spektakel und notierte: »... dann folgten Lärm und alle Arten von seltsamen Geräuschen: Klappern, Zischen, Klatschen. Einmal schienen die Geräusche aus einer Werkstatt zu kommen, dann von einer Lokomotive und dann von großen fliegenden Wesen. Einmal hörte man den Schamanen, der stöhnend, jammernd, schreiend, heulend und flüsternd um die Gnade einer übermächtigen Kraft bat; dann hörte man die Geister, von denen einige heisere, andere leise, lispelnde oder schrille Stimmen hatten. Oft hörten wir teuflisches Zähneknirschen und schallendes Gelächter. Die Stimmen kamen von oben, aus der Erde, vom einen und dann wieder vom anderen Ende des Hauses. Die Stimmen waren im Eingangstunnel von draußen im Freien zu hören. Ein leises »Hoi! Hoi!« kam von weither. Die Trommel wurde perfekt geschlagen, und die Schläge wanderten durch das ganze Haus und über meinen Kopf. Oft sangen die Anwesenden zum Schlagen der Trommel. Ihre Stimmen klangen leise und gepreßt, als kämen sie aus der Unterwelt. Aus dem Hintergrund war manchmal das leise Singen von Frauen zu hören. Nach einem ohrenbetäubenden Klappern, Zischen und Klatschen wurde es plötzlich ganz still, und das schreckliche Monster Amortoq kam herein. Es hatte schwarze Arme, und jeder, den es berührte, wurde ebenfalls schwarz und starb. Es ging mit schweren Schritten durch den Raum, stieg auf die Plattform und schrie ›Amo! Amo!‹ Jeder floh in die hinterste Ecke des Raumes, um nicht zufällig von dem Monster berührt zu werden...«

Viele Zauberkünste und Tricks konnten durch Forscher einfach erklärt werden, andere aber nicht. In Ekstase war der Angakok zu Handlungen fähig, die er selbst nicht immer verstand und beherrschte. Obwohl er durch viele Außenstehende als ein gefährlicher Scharlatan bezeichnet wurde, wußte er seinem Volk in harten Zeiten das zu bringen, was sie am meisten brauchten: Hoffnung und Glauben an eine bessere Zukunft.

Den Tod betrachteten die Eskimos als Übergangsphase ins »Qudlivun«, in das glückliche Land. Diese Lebensphilosophie beeinflußte und prägte die Handlungen und Gebräuche dieses Naturvolkes in der Arktis. So kam es vor, daß bei großen Hungerperioden Säuglinge und Kleinkinder getötet wurden. Die alten Eskimo suchten freiwillig den Erfrierungstod, wenn sie selbst das Gefühl hatten, daß sie der Familiengemeinschaft zur Last fielen. Sie starben in dem Glauben, daß nach dem Tod das ewige Glück wartet.

Die Natur der Arktis ist seinen Bewohnern gegenüber feindlich gesinnt. Nur wer stark und gesund war, hatte eine Überlebenschance. Die Angakok waren es, die feststellten, daß Inzucht ein Volk unvermeidlich schwächt. Darum organisierten sie Feste mit gemeinschaftlichem Sex, damit man sich nicht nur innerhalb der eigenen Familie fortpflanzte. Völlig nackt versammelten sich die Männer und Frauen in einer Hütte und bewegten sich durcheinander. Nach einiger Zeit löschte der Angakok die Lampen in der Hütte. Von diesem Moment an war jede laute Unterhaltung verboten. Der Mann nahm sich die Frau, die ihm am nächsten stand und hatte dann sexuellen Verkehr mit ihr. Als der Angakok die Lampen wieder anzündete, riet man untereinander, mit wem man geschlafen hatte. Es wäre falsch, diese Art Partnertausch als Verstoß gegen die guten Sitten zu betrachten. Im Laufe von Jahrhunderten entwickelten die Eskimo in ihrer nur ihnen eigenen Lebenseinstellung viele verschiedene sexuelle Praktiken.

Polygamie kam selten vor. Ein erfolgreicher Jäger konnte sich eine zweite Frau nehmen, wenn die erste mit der Bearbeitung der Felle nicht fertig wurde. Hiervon ist aber wenig bekannt. Der Partnertausch verlief nach strengen Regeln, und wer sich nicht daran hielt, löste damit einen großen Konflikt aus. Zum Beispiel konnte sich ein Jäger für eine Nacht mit einer anderen Frau absprechen, er mußte aber erst seine Frau davon unterrichten und umgekehrt. Verstieß er gegen die Regel, so beging er Ehebruch.

Es bestand bei den Eskimos auch der Brauch, einem Besucher seine Frau anzubieten. Dieser Brauch war mehr als eine Geste der Gastfreundschaft. Auf diese Weise kam ebenfalls das notwendige »frische Blut« in die Sippe. Das Auswechseln von Frauen konnte auch praktische Bedeutung haben. Ging ein Jäger für längere Zeit auf die Jagd, dann war er auf weibliche Hilfe bei der Verarbeitung der Jagdbeute angewiesen. Konnte der Jäger seine eigene Frau aus irgendwelchen Gründen nicht mitnehmen, so lieh er sich einfach eine andere aus. Während der Jagdperiode konnte es zu intimen Beziehungen zwischen der fremden Frau und dem Jäger kommen. Er unterrichtete zwar vorher seine eigene Frau, aber sie wurde nicht nach dem Einverständnis gefragt. Das bedeutete aber keine Unterdrückung ihrer Person, im Gegenteil, sie sah in diesem Brauch ihre Existenz und Belange gesichert.

Offenheit und Ehrlichkeit waren die wichtigsten Voraussetzungen bei einem Partnertausch. Wurden diese Regeln eingehalten, so gab es weder Neid noch Eifersucht. Zu Konflikten kam es nur, wenn ein Partner einen anderen im geheimen aufsuchte, oder wenn aus einem Partnertausch ein längeres Verhältnis wurde. In diesen Fällen hörte die Toleranz abrupt auf.

Die Eskimos lebten in Gruppenverbänden, die sich in verschiedene Clans unterteilten. Ein Clan bestand aus mehreren Familien, die meistens miteinander verwandt waren. Man ging zusammen auf die Jagd, verteilte die Beute untereinander, und man besuchte sich gegenseitig. Konnte eine andere Familie besser für ein Kind sorgen, dann gab man es eben dieser Familie. Der Clan sorgte für Witwen, Waisen, alte Menschen und für Geselligkeit sowie Geborgenheit, vor allem während der langen Winterzeit.

Alle Jäger in der Gruppe hatten den gleichen sozialen Status. Selbst ein weniger erfolgreicher Jäger hatte sich nicht den erfolgreichen unterzuordnen. Bei den Eskimos waren Leiter, Anführer und Häuptlinge unbekannt. Es gab keine Regierung, die Verordnungen erließ, und doch fügten sich die Bewohner ganz bestimmten Regeln. Bei Übertretung oder wenn bestimmte Bräuche nicht beachtet wurden, war eine Bestrafung der Person die Folge. In der Öffentlichkeit wurde der Übeltäter verspottet und ausgelacht. Bei einigen Gruppen, auch bei denen im Ammassalikgebiet, wurde eine Diskussion oder ein Streit durch einen Trommeltanz beigelegt. Die übrigen Dorfbewohner urteilten darüber. Sieger wurde der, der am lautesten, kräftigsten und am einfallsreichsten ein Lied vortrug. Es war dabei ohne Belang, ob der Sieger im Recht war oder nicht. Bei einer solchen Art von Wettstreit bekam auch ein physisch schwächerer seine Chance. Es kam vor, daß ein Mann nach einem Konflikt mit seiner Familie aus dem Dorf wegzog. Aber nicht immer wurden Auseinandersetzungen auf solch friedliche Weise

→
Einwohner von Ammassalik (Angmagssalik) vor ihren Zelten im Jahr 1906. (Foto: W. Thalbitzer)

beigelegt. Denn fallweise wurden Meinungsverschiedenheiten unter den Männern auch mit Fäusten und Waffen bereinigt. Brachte ein Mann seine Gruppe in ernstliche Gefahr, so wurde das als ein schweres Vergehen angesehen. Die übrigen Dorfbewohner urteilten dann über Leben oder Tod.

Eskimos feierten gerne. Das ganze Jahr über organisierten sie Feste, auch ohne besonderen Anlaß. Es genügte schon, wenn ein junger Jäger seinen ersten Seehund schoß, oder die Jäger mit besonders viel Beute nach Hause kamen. Manchmal hielten sie Feste zu Ehren der Geister ab. Sie hofften auf diese Weise die Götter für ihr Volk und deren Familien gut zu stimmen. Die Jäger versammelten sich bei dem einen oder anderen Eskimo. Während die Gastgeberin zum Essen und Trinken anbot, verbrachten die anderen die Zeit mit Kraftspielen, Gesängen, Tänzen und Erzählungen von Geistern und großen Jägern. So ein Fest konnte stundenlang andauern, bis die letzten Reste aufgegessen waren und die Hälfte der Anwesenden einschlief.

Die Eskimos kannten nur ein Musikinstrument: die Trommel. Der Rahmen wurde aus Rippen des Walrosses hergestellt. Darüber spannten sie die getrocknete Haut eines Seehundes. Aus einer Rippe des Seehundes wurde der Trommelstock gefertigt. Damit schlug der Trommler, meist ein Mann, aber nicht wie man annehmen könnte auf die Haut, sondern auf den Rahmen des Instruments. Er begann langsam sein Lied, steigerte aber stetig sein Tempo. Der Trommeltänzer stand mit gespreizten Beinen vor den Zuhörern. Dabei verlagerte er sein Körpergewicht von einem Bein auf das andere und machte zugleich mit dem Kopf Drehbewegungen. Die Lieder, die von seinen Vorfahren vererbt wurden, trug er genau im selben Ton, Rhythmus und Text vor, wie er sie gelernt hatte. Manchmal sang er auch eigene Lieder mit einem improvisierten Text bis zur Ekstase.

Die langen und dunklen Winterabende verbrachten die Bewohner der Arktis gerne in der Gemeinschaft. Sie erzählten dabei eigene Jagdabenteuer und viele Legenden, die sie als Kind von ihren Großvätern gehört hatten. Während das kleine Licht der Tranlampe auf sein durch Wind und Wetter gezeichnetes Gesicht fiel, begann ein Jäger von seiner letzten lebensgefährlichen Jagd auf Nanok, dem Eisbär, zu erzählen. Ein Jäger neben ihm wußte von verheerenden Stürmen und dichtem Eisnebel zu berichten. Die Kinder hingen staunend an den Lippen des Erzählers und die übrigen Erwachsenen bekräftigten die Geschichte mit einem »i-i-ii«.

Das harte Klima, die völlige Isolation und der tägliche Kampf ums Überleben beeinflußten auf direkte Weise jahrhundertelang die Lebensanschauung und die Kultur dieser lebenslustigen Menschen im Hohen Norden. Alle Bräuche, Traditionen und religiösen Praktiken dienten nur dem Überleben.

DAS CHRISTENTUM

Der norwegische Geistliche *Hans Egede* (1686-1758) kam auf die Idee, die Nachfahren der Wikinger im fernen Grönland zum Protestantismus zu bekehren. 1721 machte er sich auf den Weg nach Grönland. Er fand aber keine Landsleute vor, sondern stieß auf die Eskimos, mit ihrem Schamanismus und vielen heidnischen Bräuchen. Egede blieb vierzehn Jahre in Grönland und versuchte unter unsagbaren Schwierigkeiten, den Heiden das Christentum zu lehren. Seine Söhne setzten sein Werk fort.

Die Missionierung zum christlichen Glauben veränderte die Menschen in Grönland. Der Schamanismus ließ sich mit den Lehren des Christentums nicht vereinbaren. Partnertausch, Euthanasie bei den älteren Menschen, das Töten von Babies, das Tragen eines Amuletts, die Heilmethoden des Angakoks waren alles andere als christlich. Es dauerte sehr lange, bis das Christentum nach vielen Bemühungen von den Eskimos angenommen wurde. Die Rituale des »heiligen Gottesdienstes« faszinierten sie. Sie hörten neugierig den fantastischen Erzählungen von Wundern und Gleichnissen in der neu erbauten Kirche zu. Allmählich wurde die Kirche zu einem gern besuchten Versammlungsplatz. Die Missionare nutzten die Leidenschaft der Eskimos zur Geselligkeit. Sie waren die ersten, die in diesem Gebiet Schulen und Krankenhäuser errichteten. Von ihnen wurde auch die westgrönländische Sprache übersetzt und aufgezeichnet. Eine Schrift war den Eskimos zu dieser Zeit noch unbekannt. In den Schulen unterrichteten Missionare die Eskimokinder im Lesen und Schreiben. Sie sahen es dabei nicht gerne, wenn die Kinder mit ihren Vätern auf die Jagd gingen und nicht zur Schule kamen. Nach und nach gingen auf diese Weise die alten Bräuche der Eskimos verloren, und eine Akulturisation breitete sich schnell aus.

Die Eskimos von Sermiligâq im Gebiet von Ammassalik lebten hingegen bis zum Jahre 1884 vollständig isoliert und unbeeinflußt von Missionaren, Walfängern und anderen Weißen. Sie blieben während dieser Zeit den alten Traditionen treu, während die Eskimo in anderen Gebieten bereits langsam von der Zivilisation eingeholt wurden. In den letzten 100 Jahren haben auch die Bewohner von Sermiligâq viel von ihrer Lebensweise und Kultur abgelegt.

Mit Johan über Schamanismus oder andere alte Bräuche zu sprechen, ist schwierig. Er weicht unseren Fragen aus, beginnt zu stottern oder findet nicht die richtigen englischen Worte. Dann wird er stumm wie ein Fisch. Diese Dinge sind tabu, wir merken, er will nicht auspakken. Erleichtert erzählt er uns aber, daß der Seelsorger für die Bewohner von Sermiligâq in Ammassalik lebt. Ein paar Mal im Jahr kommt er mit seinem Boot ins Dorf, um die Messe zu lesen, oder eventuell ein junges Paar zu trauen. Zum Zeichen, daß auch das Christentum Einzug gehalten hat, steht mitten im Dorf eine kleine Kapelle. In allen Häusern von Sermiligâq hängt mindestens ein Heiligenbild.

Thorwald Taujanik, der Eskimolehrer im Dorf, liest jedes Wochenende eine Messe, und bei einem Sterbefall ersetzt er den Priester. Solange es Winter ist, bleibt die Holzkiste unter dem Schnee, bis sie im Frühling mit Steinen zugedeckt werden kann. Der Friedhof liegt außerhalb des Dorfes, ganz in der Nähe unseres Zeltplatzes. Wegen des Permafrostes kann keine tiefe Grube geschaufelt werden. Der Grabschmuck besteht aus einem kleinen Holzkreuz und bunten Plastikblumen.

Auf den ersten Blick ist zu erkennen, wie markant das Christentum seinen Stempel diesen Menschen aufgedrückt hat. Nur einhundert Jahre reichten aus, um das uralte Kulturgut, das fest mit dem Leben der Eskimo verankert war, fast vollständig zu verdrängen. Auch in Westgrönland zeigen sich diese Folgen.

Es herrscht reges Leben im kleinen Hafen von Sermiligâq. Wieder sind Jäger von der Jagd nach Hause gekommen. Sie hängen fünf große Seehunde in das eiskalte Wasser des Hafens, um sie für später aufzubewahren. Ein sechster wird an Land gebracht. Dort wartet bereits eine junge Frau mit ihrem Ulu, einem halbrunden Frauenmesser, und einem Schleifstein. Neugierig schauen wir zu. Zu unserer Verwunderung spuckt sie ein paar Mal auf die Schnauze des toten Tieres, bevor sie dann den Bauch aufschlitzt. Spuckt sie, weil sie kein Süßwasser zur Hand hat, so wie es ihre Vorfahren taten? Will sie mit dem Speichel den Durst des toten Tieres löschen?

Ganz unerwartet kommt ein Eskimo mit seiner Frau auf uns zu und führt uns zu seinem Haus. Es steht oben auf einem Felsen. Über eine steile Treppe, bei der einige Tritte fehlen, erreichen wir die Tür. Thobias, so heißt der Mann, ist für einen Eskimo groß gewachsen. Mit beiden Armen und festem Griff schiebt er mich vor sich her. Seine mollige Frau folgt uns auf den Fuß. Als ob sie fürchtet, er könnte weglaufen, hält sie Martin am Arm fest. An den Gesten mit denen sie uns über die Treppen schieben, erkennen wir, daß beide leicht angetrunken sind. Was wollen sie von uns? Wir lassen es mit uns geschehen, vielleicht wollen sie uns zu einem Kaffee oder Tee einladen, wie es die anderen Eskimos schon öfters taten?

Wir kommen in eine kleine Küche. Auf dem Küchenschrank stapeln sich schmutzige Tassen und Gläser. Dutzende von leeren Bierdosen und Kleider liegen am Boden herum. In einer Ecke des Wohnzimmers steht die kleine Marianne, ihre fünfjährige Tochter. Neugierig schauen ihre dunklen Augen unter ihrem Pony hervor. Sie war eine der ersten, die uns am Lagerplatz außerhalb des Dorfes aufsuchte, und seitdem war sie nicht mehr von uns wegzubekommen. Unbewußt, welche Folgen mein Verhalten haben würde, spielte ich mit dem Mädchen und gab ihr kleine Geschenke. Die Eltern der Marianne hatten bestimmt bemerkt, welches Verhältnis wir zu ihrem Kind hatten. Plötzlich nimmt mich Thobias fest bei den Armen und drückt mich in das Sofa, das in der anderen Ecke des Wohnzimmers steht. Er bemüht sich, neben mir zu sitzen, greift dabei mit der einen Hand kräftig nach meinem Kinn – ein Zeichen von Freundschaft –, während er mich mit der anderen Hand aufdringlich an sich drückt. Mittlerweile versucht seine Frau Martin und mir ein Bier anzubieten. Wir lehnen freundlich aber bestimmt ab. Die ganze Zeit über steht Marianne in der Ecke und verfolgt schweigend und aufmerksam das Treiben. Plötzlich steht Thobias auf. Mit schweren Schritten geht er zur Wand, und holt einen großen Knochen, der wahrscheinlich von einem Eisbären stammt. Dann drückt er diesen langsam aber fest gegen den Bauch und den Busen seiner Frau. Fragend schauen Martin und ich uns an. Thobias kommt von seiner Frau nun zu mir, und drückt den Knochen auch mir an die Brust und an den Bauch. Daraufhin umarmt mich seine Frau, laut rufend, und zieht dabei die kleine Marianne näher heran, um sie zwischen uns Frauen zu drücken. Es ist alles so intensiv und pathetisch, daß ich mich unsicher und unwohl fühle. Es ist wie ein Überfall. Hilflos folgt Martin dem Spektakel. »Anana!« (Mutter) ruft die Frau, und zeigt dabei von mir nach ihrem Kind. Sie schreit immer lauter und drückt die Kleine immer fester an mich. Marianne läßt dies alles geduldig mit sich geschehen, nur ihre Augen blicken von mir nach ihrer Mutter. Sie sagt kein Wort. Ihr rundes Gesicht verrät nicht die geringste Furcht oder Verwunderung, als ob sie so ein Schauspiel jeden Tag erleben würde. Jammernd drückt die Frau ihr heißes Gesicht an meines. »Anana!« ruft sie immer lauter. Wieder greift Thobias nach dem Knochen. Langsam begreife ich: Sie sind der Meinung, daß die kleine Marianne es bei uns viel besser hat, deshalb wollen sie uns das Kind schenken. Während der ganzen Zeit versuche ich mich von beiden zu lösen. Es tut mir sehr leid, daß ich mit diesen Menschen nicht sprechen kann. Ich kann ihnen nicht erklären, warum wir ihr Kind nicht mitnehmen können. Thobias drückt mich mit aller Heftigkeit wieder in das Sofa, drückt nicht gerade sanft mein Kinn, greift wieder nach dem Knochen... Martin und ich flüchten regelrecht aus dem Haus. Am folgenden Tag treffen wir Thobias im Dorf. Er grüßt uns, bleibt aber auf Abstand. Die kleine Marianne sollten wir nie mehr sehen. Sechs, sieben Monate später, als Martin wieder nach Sermiligâq zurückkommt, beachtet ihn Thobias überhaupt nicht. Er geht an Martin vorbei, als ob er ein fremder Mensch sei.

Das Austauschen der Partner für eine Nacht ist an der Ostküste von Grönland noch immer gebräuchlich. Die Promiskuität reicht über den eigenen Clan hinaus und ist im ganzen Dorf verbreitet. In diese private Angelegenheit mischt sich niemand ein, und jeder akzeptiert es. Dieser freie Partnertausch erweist sich als ein gutes Rezept um die Gruppe zu stärken, und um Familien miteinander zu verbinden. Weigert sich eine Frau mit einem anderen Mann zu schlafen, oder widersetzt sie sich dem »Fremdgehen« ihres eigenen Mannes, dann kann sie von ihrem Ehemann mit Gewißheit Schläge erwarten. Sie wird sich darüber nicht beklagen, denn sie weiß, ihr Volk gibt ihr kein Recht dazu.

Der Grund für eine Frau, die Promiskuität eventuell abzulehnen, liegt in der Furcht, ihren Mann und Jäger der Familie zu verlieren. Bei Scheidungen gehen die Ehepartner einfach auseinander, ohne gerichtliches Verfahren. Nach der Trennung bestehen keinerlei finanzielle oder andere Verpflichtungen gegenüber dem Partner. Ebensowenig diskriminiert man einen der Geschiedenen, noch urteilt man im Dorf über die Gründe der Scheidung.

Die Partnerwahl ist völlig frei. Es ist nur auf die Blutsverwandtschaft zu achten. Häufig kommt es bei Jüngeren vor, daß diese einige Zeit auf Probe zusammenleben, um auszuprobieren, ob sie zusammenpassen. Grönland zählt ca. 53 000 Einwohner. 1983 wurden 276 offizielle Ehen geschlossen. Die meisten heiraten zwischen dem 25. und 29. Lebensjahr. Es wurden im selben Jahr 108 Scheidungen registriert. Diese Zahlen gelten aber für ganz Grönland. In einem kleinen Dorf wie Sermiligâq sind Ehescheidungen aber selten.

In Sermiligâq ist es noch immer gebräuchlich, daß der Gastgeber seine Frau anbietet. Verweigert der Gast das Geschenk, so kann es vorkommen, daß der Eskimo beleidigt ist, oder noch schlimmer, die Freundschaft dem Gast aufkündigt. Natürlich stellt das Sprachproblem eine unüberwindliche Hürde dar, denn der Fremde kann seine Kultur und seine Einstellung nicht erklären. Wir sind in Europa weit von der Freiheit entfernt, die sich die Eskimos erhalten haben. Ehebruch wird in unserer Kultur durch die Gemeinschaft verurteilt, und war bis vor kurzem noch ein Grund für Ehescheidungen. Ob die Eskimos uns begreifen würden?

Fussball, ein alter Eskimosport

Die Eskimos sind begeisterte Fußballspieler. In sehr alten Eskimogeschichten wird bereits eine Art Fußballspiel erklärt, an dem jeder voll Eifer teilnahm. Das Spiel endete meistens in einem fröhlichen Getümmel. Früher wurde einfach aus einem Robbenfell eine Art Ball genäht und mit Seegras gefüllt. Mit diesem Spielzeug wurde wild herumgeschossen. Das Spiel war ein gutes Mittel gegen die beißende Kälte. Fußballregeln kannten die Eskimos allerdings nicht. Die Begeisterung für den Fußball ist im Laufe der Zeit nicht zurückgegangen.

Unter anderem hatten wir in unserer Ausrüstung auch einen Fußball mit. Nachdem wir das Basislager eingerichtet hatten, spielten wir zur Abwechslung mit dem Leder. Es dauerte nicht lange, bis die Eskimos dies erfuhren. Jeden Tag kamen vier oder fünf Motorboote mit Eskimos zu uns. Der Grund für den Besuch: ein Fußballspiel. Selbst eine vierstündige Fahrt, hin und zurück, war ihnen dafür nicht zu beschwerlich. Omas, Opas, Frauen und Kinder ließen sich dieses Spektakel nicht entgehen. Im Basislager wurden die Eskimos zuerst mit Kaffee und Tee begrüßt. Die Übereifrigen spielten aber bereits mit dem von uns mitgebrachten Fußball. Wer von unserer Gruppe gerade »zu Hause« war, spielte mit, und meistens endete ein Spiel in einem lustigen Durcheinander. Jeder konnte mitspielen, junge und alte Männer, auch Frauen. Von Aggression war keine Spur. Die Eskimos lachten sich krumm, wenn wir ein Tor schossen. Geschickt verteidigten sie sich, wenn sie im Ballbesitz waren. Erst spät am Abend, als die Sonne längst hinter den Bergen verschwunden war, kehrten sie in ihr Dorf zurück, um vielleicht morgen wiederzukommen.

Eines Tages ist das Dorf Sermiligâq wie leergefegt. Kein einziges Motorboot liegt im Hafen. Jung und Alt sind mit den Booten weggefahren. Niemand sagte uns ein Wort, so daß wir nicht wissen, was los ist. Wir sind den ganzen Tag alleine mit den Hunden. Erst spät am Abend kommen die Eskimos zurück. Viel später erfahren wir von Gideon, daß sie an diesem Tag nach Kungmiut gefahren sind und Fußball gespielt haben. Kungmiut, das Nachbardorf, liegt immerhin 60 km entfernt und ist nur mit Booten über den Fjord zu erreichen. Vielleicht war die Fahrt zwischen den Eisbergen zu beschwerlich, denn Kungmiut gewann diesmal. Für uns steht fest, diese alte Tradition wird hier sicher nicht aussterben.

Die Zeit ist schnell vergangen. Unsere Abreise steht kurz bevor. Gemeinsam mit unserer Gruppe organisieren die Bewohner von Sermiligâq ein Abschiedsfest. Das ganze Dorf strömt zum Versammlungshaus. In der Baracke aus Holz befindet sich ein großer Raum und eine kleine Küche. Hier feiert das Dorf seine Feste. Wir sorgen für Kaffee, Tee, Wurst und Käsebrote. Gudrun Taunajik, die alte Trommeltänzerin, eröffnet das Fest mit einem alten Trommeltanz. Sie trägt eine weiße Bluse, die mit vielen bunten Perlen bestickt ist. Gemächlich schlägt sie auf den Rahmen der Trommel. Ihre Stiefel aus Seehundfell, – erklärt sie uns später –, hat sie mit Blut rot gefärbt. Die Trommelschläge sind monoton, dazu stößt sie ein klagendes »a-a-a-a« aus. Ihren korpulenten Körper balanciert sie von einem Bein auf das andere. Langsam steigert sie das Tempo der Trommelschläge und beginnt mit einem Lied. Damit begrüßt sie uns Fremde nach altem Brauch in ihrem Dorf. In der nächsten Strophe verspottet sie uns. Die Eskimogemeinde lacht aus vollem Herzen. Wir verstehen kein einziges Wort und schauen fragend in die dunkle Runde. Mittlerweile geht Gudrun trommelnd von Mann zu Mann unserer Gruppe. Mit einem kräftigen Schritt nähert sie sich jedem und stößt dabei ein lautes »Huh« hervor. Der jeweilige Mann antwortete ebenfalls mit »Huh«. Die Stimmung steigt immer höher, und die Eskimos lachen Tränen.

In Ostgrönland wird die Trommel nur noch zu Festen hervorgeholt. Die Zeiten, als der Trommeltanz noch Streitigkeiten beilegen konnte oder der Angakok sie benutzte, sind hier längst vorüber. 1920 starb in Sermiligâq der letzte Medizinmann. Gudruns Tanz endet vor der Ekstase. Junge Eskimos legen plötzlich auf einem uralten Plattenspieler eine Platte auf. Freddy Quinn singt sein »Junge komm bald wieder«, und gegen den Lautsprecher kann eine Gudrun mit ihren Trommelgesängen nicht ankämpfen. Ihr wiegender Tanz muß den modernen

Tanzschritten Platz machen. Der Gegensatz kann nicht größer sein. Die älteren Eskimos gehen schnell nach Hause. Die Jungen bleiben im Versammlungshaus, bis in den Morgen.

*

Trommelgesang aus Sermiligâq, welcher seit Generationen mündlich überliefert wird. Johan Uitsatikitseq (siehe Abb. S. 113 links unten) hat ihn von einer alten Eskimofrau gelernt. Die erste Strophe ist hier auch in Eskimosprache wiedergegeben.

Ilippuaalaa qiliniarsinngaalaa
(gaartuluup inngiililaa)

ilippuaalaa qiliniarsinngaalaa
qannaajaa eeriieejie
kiisa serpeerdivakka digiddarpaat
qannaajaa eeriieejie

Hilf mir ich falle
(Ein Lied an den schwarzen Vogel)

Hilf mir ich falle // *Refrain*: qannaajaa eeriieejie
Das Wasser geht über meine Füße // *R:*

Hilf mir ich falle // *R:*
Das Wasser geht über meine Knie // *R:*
Hilf mir ich falle // *R:*
Das Wasser geht über meine Beine // *R:*
Hilf mir ich falle // *R:*
Das Wasser geht über meine Brust //*R:*
Hilf mir ich falle // *R:*
Das Wasser geht über meinen Nacken // *R:*
Hilf mir ich falle // *R:*
Das Wasser geht über meinen Kopf // *R:*

→
Das Inlandeis mit dem gebirgigen Küstensaum: grenzenlose Einsamkeit!

→
Bäume und Sträucher fehlen, unterstreichen aber dadurch die strenge Schönheit der arktischen Landschaft.

← *Sommerliche Farbenpracht:*
oben: Weidenröschen (Epilobium latifolium)
Mitte links: Grönländische Glockenblume (Campanula gieseckiana)
Mitte rechts: Alpines Habichtkraut (Hieracium alpinum)
unten links: Krähenbeeren (Empetrum hermaphroditum)
unten rechts: Grönländisches Moos (Silene acaulis)
Auf windgeschützten, morastigen Plätzchen entwickelt sich im Sommer ein reichhaltiges pflanzliches Leben.

→

Ganz selten ist die Küste von Ammassalik im Sommer so eisfrei, wie auf dieser Aufnahme.

→

Paddeln entlang des Rasmussen-Gletschers wird zu einem unvergeßlichen Erlebnis, ist aber nicht ohne Gefahr.

←
Zweimal im Sommer wird Sermiligâq von einem Schiff angelaufen und mit Produkten aus der Zivilisation versorgt.

→
Eisberge. Nur wenn man nahe an sie heranfährt, hört man ihre Stimmen: ein unentwegtes Knistern und Rauschen der kalten, aber eindrucksvollen Riesen.

←
Das Meerwasser unterspült ständig die mächtigen Gletscher und entreißt ihnen Stück um Stück, die dann als Eisberge abtreiben.

→
Ein gefährlicher, aber erhabener Koloß.

→
Der zerklüftete Rasmussen-Gletscher.

←
Ein breiter Gürtel von Treibeis aus dem Norden ist der Ostküste vorgelagert, welcher bis zu 40 km breit sein kann und starken Strömungen und Spannungskräften ausgesetzt ist. Für die Schiffahrt ist er noch heute ein großes Hindernis.

→
Nur ein Zehntel eines Eisberges bekommt man zu Gesicht, die anderen neun Zehntel liegen unter Wasser.

→
Das Wasser gibt dem Eisberg die wunderschönsten Formen. Die Natur als ein großer Bildhauer.

←
Gideon Bajare hat einen Seehund entdeckt und nimmt ihn scharf ins Visier.

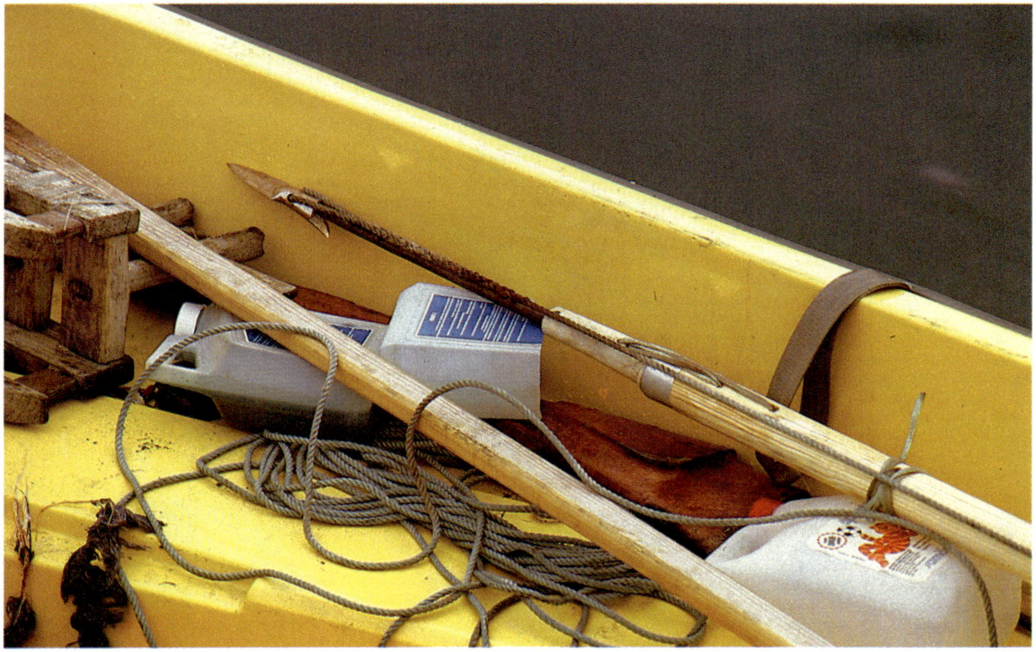

←
Die Harpune hat noch nicht ganz ausgedient, zumindest wird sie noch zum Bergen der Beute verwendet.

→
Der Jäger hatte dieses Mal Glück.

→
An Land gebracht, wird das Tier sofort zerteilt.

←
Alle Arbeit an der erlegten Beute ist Frauensache.

→

Die nicht verwertbaren Reste des Seehundes verschwinden wieder im Meer. Die Existenz der Bewohner ist noch immer von der Jagd abhängig.

→

Auch die Frauen benützen schon das moderne Messer. Das Ulu (Frauenmesser) bleibt aber trotzdem das wichtigste Werkzeug für sie.

←
Deutlich verteilte Rollen: der Mann geht Jagen, die Frau ist für die Verarbeitung der Beute und den Haushalt zuständig.

←
Nachdem sie das Fell gereinigt hat, spannt Iduna es auf ein Gestell, um es im Freien oder neben dem Herd trocknen zu lassen.

→
Neben den wenigen Eisbärdekken sind Seehundfelle das einzige Verkaufsobjekt der Eskimos, um bares Geld in die Hand zu bekommen.

→
Für die Jäger an der Ostküste sind Hunde und Schlitten im Winter nach wie vor unersetzlich. Entfernt sich der Jäger vom Gespann, wird der Schlitten umgedreht, um die Hunde am Fortlaufen zu hindern.

←
In den Eskimogebieten Grönlands verwenden die Jäger im Winter meist das Snowmobil, einen motorisierten Schlitten. Die Jagdgebiete um Sermiligâq sind aber dafür zu gebirgig. Bei guten Verhältnissen kann man auf Hundeschlitten bis zu 20 Kilometer pro Stunde zurücklegen.

←
Huskies, die selbst bei Temperaturen bis −40° C im Freien bleiben, sind abgehärtet und dem arktischen Klima angepaßt. Um der Kälte besser zu widerstehen, graben sie sich im Schnee ein, oder lassen sich einschneien.

→
Huskies sind wilde, intelligente Hunde, durch Kreuzung mit Wölfen entstanden. Sie verfügen über eine enorme Ausdauer und Kraft.

→
Einen Hundeschlitten steuern bedeutet, die wilde Horde von Hunden unter Kontrolle zu halten. Eine hohe Kunst, die erlernt werden muß!

Trotz Büchsenfleisch aus dem Geschäft bevorzugt Noa Maratse den Trockenfisch in Seehundöl. Die Kleider von Noa stammen zwar aus den Läden des weißen Mannes, doch in seinem Benehmen und Verhalten lebt noch die Vergangenheit.

→

Die Eskimos gehören der asiatisch-mongolischen Rasse an. Sie haben ein flaches Gesicht mit dunkelbraunen Schlitzaugen. Die Natur hat sie mit einer flachen Nase und kleinen Nasenlöchern ausgestattet, damit sie besser gegen die Kälte bestehen können. Links oben die kleine Marianne. Ihre Eltern wollten sie uns schenken, weil sie glaubten, daß sie es bei uns besser hätte. Manche Sitten und Bräuche sind bis in die Gegenwart erhalten geblieben.

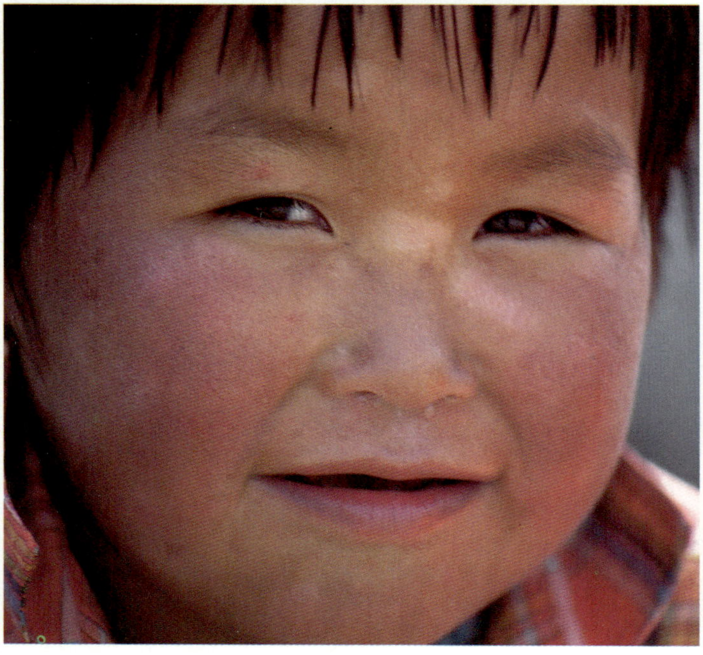
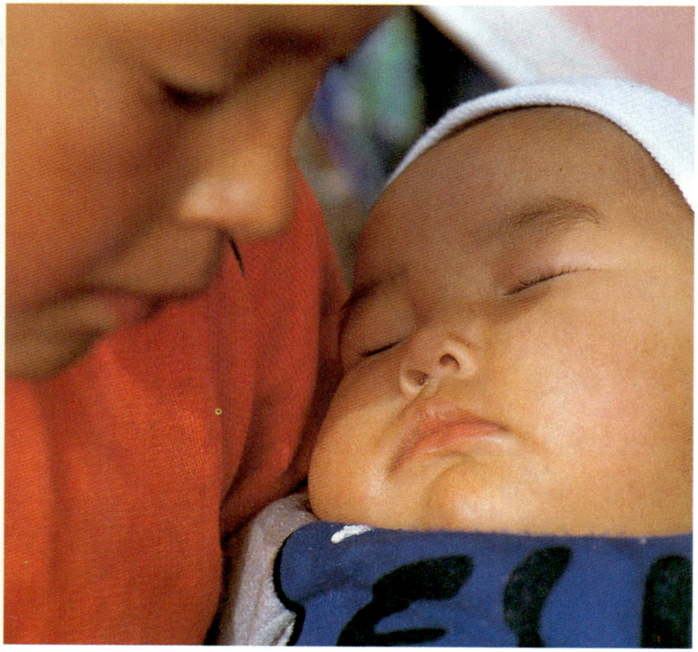

Grönland, eine riesige Insel, von Eis bedeckt, ist nicht so grün wie sein Name es ausdrückt. Die Natur zeigt sich hier zu keinen Kompromissen bereit.

Ein Archiv aus Eis

Grönland ist mit seiner Ausdehnung von 2 200 000 Quadratkilometern die größte Insel der Welt. So grün, wie der Name sagt, ist die Insel aber nicht. Sechssiebtel seiner gesamten Oberfläche sind von einer riesigen Eisfläche bedeckt. Würde das Eisplateau abschmelzen, so entstünden 2,5 Millionen Kubikkilometer Wasser. Schmale Küstenstreifen, die an keiner Stelle breiter als 90 Kilometer sind, tiefe Täler, grüne Fjorde und riesige Bergketten trennen die weiße Eiswüste vom Meer. Nur riesige, zerklüftete Gletscher, Ausläufer des Inlandeises, erreichen direkt das Meer. Die Wasser unterspülen ständig das Eis und entreißen so den gewaltigen Eismassen Stück für Stück, die dann als Eisberge abtreiben.

Zusammen mit den subarktischen Gebieten von Kanada und Sibirien, gehört das Innere von Grönland zu den kältesten Regionen der nördlichen Hemisphäre. Wochenlang herrschen hier Temperaturen von −30 Grad Celsius. Das Thermometer kann aber auch plötzlich auf −60 Grad bis −80 Grad Celsius fallen. Schwere Stürme, mit Windgeschwindigkeiten von 70 Meter pro Sekunde rasen über das endlose Eisplateau. Man kann sich dabei kaum vorstellen, daß einst in Grönland Zykadeen, Araukarien, Brotfruchtbäume und Moorcypressen wuchsen. Eine Flora also, die nur in feucht-warmen Gebieten gedeihen konnte. Wissenschaftler fanden am Rande des Eisplateaus Versteinerungen von solchen Pflanzen.

Grönland hatte in der Kreidezeit und im Tertiär ein viel wärmeres Klima. Das Land war völlig schnee- und eisfrei. Das Inland war eine feuchte Hochfläche, und aktive Vulkane an der West- und Ostküste formten riesige Basaltablagerungen. Am Ende des Tertiär veränderte sich das Klima in Grönland. In den Gebirgen längs der Küsten bildeten sich große Schneefelder, die schließlich nicht mehr wegschmolzen. Es entstanden die ersten Gletscher. Im Laufe der Zeit wurden diese Eismassen immer größer und bewegten sich zum Meer. So entstand entlang der Küste eine Eisbarriere, die verhinderte, daß das Wasser aus dem Inland ablaufen konnte. Der Boden wurde zunehmend morastiger und durch das kälter werdende Klima entstand Permafrost, wodurch das Wasser auch nicht mehr versickerte. Über die gesamte Hochfläche Grönlands bildete sich nun eine riesige, dünne Eisschicht. Diese weiten, eisigen Ausdehnungen beeinflußten wiederum das Klima. Es wurde zusehends kälter, und durch weitere Niederschläge bildeten sich neue Eisschichten. Jedes Jahr nahm die Eiskappe an Dicke zu. Die durchschnittliche Höhe beträgt derzeit 2 135 Meter, an einzelnen Stellen sogar über 3 000 Meter.

Für die heutige Wissenschaft ist das Inlandeis von Grönland ein natürliches Archiv von unschätzbarem Wert. Alle Spurenstoffe, die im Laufe der Zeit mit dem Schnee aus der Atmosphäre auf die Erde fielen, wurden vom Eis aufgenommen, hermetisch abgeschlossen und bei Temperaturen von -50 Grad Celsius für alle Zeit aufbewahrt. Sie sind unverfälschte Indikatoren für die chemische und physikalische Zusammensetzung der Atmosphäre. Jährlich legten sich neue Eisschichten unterschiedlicher Dicke auf die schon bestehende Eisfläche. Wie die Jahresringe bei Bäumen, können die einzelnen Schichten gezählt, und zugleich genauestens datiert werden. Grönlands Eismassen enthalten besonders reichhaltig Spuren von Vulkanasche und Mineralien, kosmische Teilchen sowie kontinentalen Erosionsstaub. Das Eis gibt genaue Auskunft über Klimaveränderungen in den vergangenen Jahrzehnten, Jahrhunderten und Jahrtausenden, so z. B. über die letzte Große Eiszeit, oder über die sogenannte Kleine Eiszeit, zwischen 1630 und 1750. Die Wissenschaft nutzt dieses Eisarchiv. Mehr und mehr werden mit modernster Technik Eisbohrungen durchgeführt, die dabei gewonnenen Eiskerne chemisch untersucht und analysiert. Amerikanischen Wissenschaftlern gelang es, einen Eiskern aus 2 000 Meter Tiefe unzerstört zu entnehmen. Damit konnte man das Klima vor 125 000 Jahren erforschen. Inzwischen haben sich radioaktive Abfallstoffe, Schwermetalle, organische Substanzen und auch der saure Regen unseres Industriezeitalters im Eis festgesetzt. Dabei werden hochgiftige Chlorverbindungen in minimalen Mengen nachgewiesen. Aber die Konzentrationen werden jährlich stärker. Der Blei- und Zinkgehalt in der Atmosphäre haben sich in den letzten zehn Jahren verdreifacht.

Eiskernuntersuchungen haben ergeben, daß im Jahr 1 000 v. Chr. der Bleigehalt der Luft dreihundertmal geringer war als heute. Wird das Eis auch Zeuge vom Sterben der Menschheit?

Die grönländischen Eskimos hatten vor dem unendlichen weißen Eisplateau Angst. In ihrer Phantasie war das mysteriöse und gefährliche Inland die Heimat von allerlei Geistern und fremden Wesen, die in vielen ihrer Legenden und Erzählungen eine Rolle spielen.

Für die Eskimos hatte die Küste mit seinen tiefen Fjorden, grünen Tälern und den ins offene Meer treibenden Eisschollen große Bedeutung. Dies ist der Lebensraum für Robben, Walrosse, Wale, Seevögel, Fische und Schalentiere. Hier konnte man jagen und nur hier überleben.

An der Küste haust auch Nanoq, der Eisbär. Seine Größe, seine Stärke und Kraft machen dieses edle Raubtier zum Symbol der nördlichen Eiswelt. Der Eisbär gehört zwar nicht zum täglichen Brot der Eskimos, aber es ist für die Jäger allein schon eine große Herausforderung, sich mit seiner List und Ausdauer zu messen. Einen Eisbär zu töten bringt Ansehen.

Auch nur geringe Klimaveränderungen, z. B. Erwärmung oder Abkühlung der Luft oder des Meeres, haben unverzüglich ihre Auswirkung auf den Bestand der Eisbären, die sich mit Vorliebe Gebiete aussuchen, die wenig bevölkert sind. In Grönland kommt der Eisbär, der heute das größte noch lebende Landraubtier der Erde ist, ausschließlich im Norden, Nordwesten und im Osten vor.

Ein breiter Gürtel von Treibeis aus dem Norden ist der Ostküste vorgelagert. Diese Eismassen kommen vom Nordpolarmeer und werden durch starke Polarströme und den Wind entlang der Küste Richtung Süden geschoben, vorbei an Kap Farvel, dem südlichsten Punkt von Grönland. Hinzu gesellt sich noch das Gletscher- und Wintereis, das sich an der Küste formt. Hier findet sich der ideale Lebensraum für den Eisbär, ein Gebiet mit offenem Wasser und Treibeis. Auch die Ringelrobben bevorzugen diese Gegebenheiten. Sie sind die begehrteste Beute für den Eisbär. Sein Gewicht ist vom jeweiligen Ernährungszustand abhängig. Unter normalen Umständen wiegt das Männchen 500 kg, das Weibchen 380 kg. Ein Eisbär kann bis zu 2,5 Meter groß werden, seltener 3 Meter. Die Jahreszeit, Nahrungsvorkommen und Alter beeinflussen die Farbe seines Pelzes. Dieses kann von Weiß bis Gelb, Strohgelb und Braun variieren. Verbleibt dieses Tier längere Zeit in einem Gebiet mit wenig Schnee, so wird der Pelz braun. Die Paarungszeit findet von Mitte März bis Mitte April statt. Das trächtige Weibchen geht im Herbst an Land und baut sich eine Schneehöhle. Hier hält sie einen oberflächlichen Winterschlaf mit leicht verminderter Körpertemperatur, Puls- und Atemfrequenz. Die Tragzeit dauert acht Monate. Männliche Tiere und nicht trächtige Weibchen bleiben im Winter aktiv. Sie suchen das ganze Jahr hindurch offenes Wasser und Nahrung. Nur bei stärksten Schneestürmen verkriechen sie sich unter den Felsen der Küste.

Von der Jagd mit einem Bären nach Hause zu kommen, eigene Bärengeschichten erzählen zu können, das machte erst einen »richtigen Mann« im hohen Norden. Früher benötigte ein Jäger bei der Jagd nach Eisbären allerdings auch noch mehr Mut und Geschicklichkeit: Man mußte mit List so nahe wie möglich an das Tier heranschleichen, damit ein tödlicher Pfeilschuß oder Harpunenwurf möglich war. Das moderne Jagdgewehr läßt hingegen eine viel weitere Entfernung zu. In Sermiligâq kam und kommt es vor, daß Eisbären im Winter, durch Hunger getrieben, bis ins Dorf kommen. Im Gegensatz zu den Polareskimos (NW-Grönland), die noch Kleidung aus Eisbärfellen herstellen, verkaufen die Eskimos der Ostküste jeden Bärenpelz im Dorfgeschäft. Sie bekommen dafür 500 Kronen (1986), von den Dänen in Ammassalik sogar 1 000 Kronen. Das Fleisch, ausgenommen die Leber, wird gekocht gegessen.

Die Mutter der Seetiere

Lange Zeit hat er auf einem Hügel gesessen, und mit scharfem Blick geduldig den ganzen Fjord, jeden Eisberg abgesucht. Plötzlich ruft er mir zu: »Akki!« – Komm! Ich begreife, daß Gideon einen Seehund entdeckt hat. Er zeigt in eine bestimmte Richtung, aber ich kann nichts erkennen – außer Eisberge. Die Luft ist glasklar im Fjord, und die Eisberge liegen ruhig im tiefblauen Wasser. Meine Augen sind scheinbar nicht scharf genug. Der Seh- und Gehörsinn bei den Eskimos ist stärker entwickelt, als bei anderen Völkern. Sie haben im Verhältnis zu uns ein Sehvermögen von 200 %. Ein dänischer Arzt hat die Augen der Polareskimos untersucht und dabei festgestellt, daß diese Menschen die kleinsten Buchstaben auf der optischen Standardtafel, noch aus der doppelten Entfernung sehen konnten.

»Akki!« ruft Gideon mir noch einmal zu und läuft schnell zu seinem Boot. Ich muß mich beeilen, um ihm folgen zu können. Während sein zwölfjähriger Sohn das Boot in Richtung des Seehundes steuert, macht Gideon zwei Gewehre klar. Dann suchen seine Augen wieder die Umgebung nach dem Seehund ab. Nun sehe auch ich das Tier. Es liegt am Rande eines Eisberges faul in der Sonne.

Von allen Robbenarten, kommt die Ringelrobbe (phoca hispida) in den grönländischen Küstengewässern am häufigsten vor. Sie liebt es, auf einer Eisscholle im offenen Wasser zu treiben. Im März, April wirft das Weibchen in Schneehöhlen ihre bis zu 60 cm großen Jungen. Der feine, weiße Pelz ist bei den Weißen sehr begehrt.

Obwohl das Tier scheinbar ohne Anteilnahme auf der Eisscholle liegt, beobachtet es hellhörig und argwöhnisch seine Umgebung. Denn Eisbär und Mensch sind seine größten Feinde. Die Ringelrobbe lebt ausschließlich von Fisch. Ein ausgewachsenes Tier ist bis zu zwei Meter lang und wiegt 50 bis 70 kg. Sie ist ein Einzelgänger und hält sich in einem begrenzten Gebiet auf, während andere Artgenossen, so z. B. die Sattelrobbe (pagophilus grönlandicus) oder die Klappmütze (cystophora cristata) in Gruppen leben und sich über weite Gebiete verbreiten.

Langsam fährt das Boot dahin. Die Robbe liegt noch auf der Eisscholle, hebt den Kopf und schaut in unsere Richtung. Gideon wirft mir ab und zu einen strengen Blick herüber. Ich weiß, daß ich mich still verhalten muß, denn ich möchte nicht der Grund sein, daß ihm die Robbe entwischt. Die Spannung steigt. Langsam, sehr langsam treibt das Boot dichter an die Eisscholle heran. Plötzlich taucht der Seehund in das eiskalte Wasser.

Er hat uns bemerkt. Gideon schießt noch, aber zu spät, das Tier war zu schnell. Der Seehund, ein Säugetier, muß jedoch wieder auftauchen um zu atmen. Gespannt, das Gewehr im Anschlag, steht die dunkle Eskimogestalt im Boot. Sein scharfer Blick sucht die weiße Wasseroberfläche ab. Ein ehrlicher Streit zwischen Mensch und Tier. Plötzlich taucht der Seehund hinter uns auf, verschwindet aber sofort wieder. Die Spannung ist zum Zerreißen. Diesmal bleibt das Tier lange unter Wasser, als ob es weiß, daß da oben eine tödliche Gefahr lauert. Dann schießt Gideon plötzlich und trifft. Von nun an muß alles sehr schnell gehen, sonst sinkt die Beute in die Tiefe. Rasch fährt das Boot in die Richtung des getöteten Tieres. Gideon greift tief in das rote Meerwasser. Er braucht seine ganze Kraft, um den ausgewachsenen Seehund an Bord zu bringen. Dann schaut er mich stolz und strahlend an.

Bevor die Eskimos über Gewehre und Munition verfügten, waren Harpunen, Fallen, Pfeil und Bogen die wichtigsten Jagdwerkzeuge. Damit erlegten sie Karibus, Bären, Moschusochsen und Seetiere. Diese Werkzeuge waren Stück für Stück Meisterwerke und Zeugnisse des praktischen Erfindergeistes der Eskimos. Ebenso beherrschten die Jäger auch die hohe Kunst, sich mit List und Geduld unbemerkt bis dicht an die Beute anzuschleichen. Mit dem selbstgebauten Kajak, aus Walrippen und mit Seehundfell bespannt, glitten sie lautlos über das Wasser. Ein erfahrener Jäger warf seine Harpune aus etwa sieben Meter Abstand tödlich ins Ziel.

Neben den Jagdwerkzeugen, der List und Geschicklichkeit spielte für den Jagderfolg die *Herrscherin der Meere* eine besondere Rolle. Sie wohnte auf dem Meeresboden in einem großen Haus aus Walrippen. Vor dem Haus hielt ein gefährlicher Hund Wache. Wurde die Mutter der Meerestiere auf irgendeine Weise vergrämt, dann hielt sie alle Tiere auf dem Boden des Meeres zurück, und die Jäger gingen leer aus. Stellte der Mensch sie wieder zufrieden, dann schickte sie wieder Seetiere an die Oberfläche, und die Eskimos konnten Beute machen. Ein gutes Verhältnis mit der Herrscherin und Mutter der Meerestiere war also für die Jäger sehr wichtig, sie hatte große Macht.

Fleisch war bei den Eskimos die tägliche Nahrung. Es wurde meistens roh gegessen und bot alle lebensnotwendigen Bestandteile. Häute und Felle der Tiere wurden von den Frauen mit Geschick zu Kleidung verarbeitet. Aus Fett wurden Licht und Wärme gewonnen. Aus den Knochen, dem Elfenbein und den Geweihen fertigte man Werkzeuge, Schlitten und andere Gebrauchsgegenstände. Allein die Jagdbeute lieferte diesen Menschen jahrhundertelang alles, was sie zum Überleben in diesem harten Klima benötigten.

Das Gewehr machte die Jagd einfacher und ergiebiger. Trotzdem liegen bei den Eskimos von Sermiligâq noch immer die alten Harpunen neben den Gewehren im Boot. Kajakfahrten über weite Strecken waren beschwerlich, gefährlich und ermüdend. Daneben waren diese Fahrzeuge sehr labil und kenterten leicht. So verwundert es nicht, daß diese Kajaks den schnellen Motorbooten Platz machen mußten. Erst seit dem Ende des 2. Weltkrieges haben die Bewohner von Sermiligâq regelmäßigen Kontakt mit Weißen, und schon gibt es im ganzen Dorf kein einziges Kajak mehr. Jeder Jäger besitzt ein eigenes Motorboot.

Das unbeständigste Wetter der Arktis

In Sermiligâq lebt noch eine der wenigen Jagdgesellschaften unserer Zeit, bei der die Existenz seiner Bewohner fast ausschließlich von der Jagd abhängt. Gewehr und Motorboot haben zwar die Jagd vereinfacht, aber trotzdem ist das Leben hart. Die rauhe Natur der Arktis bestimmt den Lebensrhythmus und die Lebensgewohnheiten dieser Menschen. Jede Jahreszeit schreibt eine andere Jagdmethode vor.

Mitte August kündigen die ersten schweren Polarstürme den Herbst an. Hohe Wellen und ein wildes Meer lassen eine Jagd nicht mehr zu. Die Jäger bleiben gefangen in den vier Wänden ihrer kleinen Holzhütten. Zwei Monate war es Tag und Nacht hell, nun aber wird es zusehends dunkler, und die Temperaturen fallen nachts deutlich unter den Gefrierpunkt. Auf den Hügeln rund um das Dorf ernten die Frauen und Kinder die jetzt reifen Blaubeeren (vaccinium uliginosum) und Krähenbeeren (empetrum hermaphroditum, ein Strauchgewächs bis 30 cm Höhe). Letztere kommen an der Ostküste relativ häufig vor und bereichern etwas den Speisezettel. Auch für den Eisbär sind die Beeren eine beliebte Kost.

Der Herbst dauert von Mitte August bis Mitte September. Dann kommt die klirrende Kälte und läßt alles erstarren. Der Boden wird hart, Felsen und Steine frieren fest, und auf dem Wasser des Fjords formt sich eine erste dünne Eisschicht.

Die Eskimofrauen holen die Winterkleidung hervor, und die Tage sind jetzt ausgefüllt mit Nähen der Winterjacken, Hosen und Handschuhe. Importierte Hemden, Jeans, Wollunterwäsche und Socken gibt es im Dorfgeschäft zu kaufen. Die Oberkleidung machen sie z. T. noch aus Tierfellen. Sie sind der beste Schutz gegen die eisige arktische Kälte.

Solange das Eis dünn ist, nutzen die Robben die Zeit, um ihre Atemlöcher anzulegen, die sie den ganzen Winter über offen halten, auch wenn das Eis einige Meter dick wird. Am Anfang des Winters ist das Eis noch nicht stark genug, um ein vollbeladenes Schlittengespann zu tragen, aber es reicht für einen Jäger.

Bei der Winterjagd ziehen es die Jäger wieder vor, die Harpunen zu verwenden, denn der Knall des Gewehrs könnte die anderen Robben in der Umgebung vertreiben. Das stille Warten an den Atemlöchern erfordert von den Jägern äußerste Geduld, denn es kann Stunden dauern bis eine Robbe auftaucht. Dann hat er jedoch nur knapp eine Sekunde Zeit, um mit seiner Harpune den tödlichen Stoß auszuführen, sonst ist der Seehund wieder untergetaucht.

Dabei träumt der Jäger, endlich wieder die Hunde vor den Schlitten spannen zu können, sie mit seiner Peitsche anzuspornen und über die unendlichen weißen Eisflächen zu brausen. Das ist sein Leben, das ist Freiheit! Ist das Meer ganz zugefroren, dann kennt die Begeisterung der Eskimos keine Grenzen mehr. Mit Geschick werden die letzten Reparaturen am Schlitten erledigt und das Gepäck mit viel Überlegung aufgeladen. Ein vollbeladener Schlitten kann vier bis fünfhundert Kilogramm wiegen. Jedes einzelne Gerät, jeder Ausrüstungsgegenstand bekommt seinen Platz, so daß alles sofort und jederzeit greifbar ist. Die Hunde, die vier Monate im Dorf herumgestreunt sind, gewinnen nun wieder allergrößte Beachtung. In ganz bestimmter Reihenfolge werden die sechs bis zwölf Hunde eingespannt. In besonderen Fällen können auch 16 bis 20 Hunde vorgespannt werden. An der Spitze der Meute wird der Leithund eingesetzt. Für gewöhnlich ist dies ein schönes, sehr starkes, kluges und erwachsenes Tier. Meistens ist der Leithund ein Weibchen, da es leichter und schneller lernt als ihre männlichen Artgenossen. Bekommt die Hündin Junge, so stellen sich allerdings Probleme ein. Damit das Tier ihre Jungen säugen kann, verliert sie am Bauch fast ihr gesamtes Fell, das sie vor Schnee und Kälte schützen soll. Damit der Bauch aber trotzdem nicht erfriert, bindet der Eskimo ein Fell herum. Die Jungen werden auf den Schlitten sorgfältig eingepackt und können während der Pausen bei der Mutter ihren Hunger stillen.

Einen Hundeschlitten steuern, bedeutet eine wilde Herde von Hunden unter Kontrolle zu halten. Diese hohe Kunst muß erlernt werden. Deshalb lehrt jeder Vater seinen Sohn schon in jungen Jahren den Umgang mit einem Hundegespann. Ein guter Jäger ist in der Lage, mit lauten Anfeuerungsrufen und Peitschenknallen mit voller Geschwindigkeit über das Eis zu jagen. Er kann das Gespann stoppen, wenn es sein muß, durch Schmelzwasser steuern, über Felsen und steile Abhänge lenken und jede Richtung bestimmen, die er will. Er ist und muß der Meister über seine Hunde bleiben, denn Huskies sind keine Schoßhündchen. Sie sind wilde, intelligente Hunde, durch Kreuzung mit Wölfen entstanden. Die Schlittenhunde verfügen über enorme Ausdauer und Kraft. Während einer Jagdreise können sie tagelang ohne Nahrung auskommen. Dann aber werden sie selbst für ihren menschlichen Führer gefährlich. Trotzdem herrscht zwischen Jäger und Hundeteam ein starkes Band von Vertrauen, Respekt und Disziplin.

Das harte und schwere Leben läßt die Huskies nicht alt werden. Nach fünf Jahren sind ihre Lungen verbraucht. Wird ein Hund schwach, tötet der Jäger ihn, so gern er das Tier auch hatte. Auf diesem Gebiet kennen die Eskimos keine Sentimentalität. Sie können es sich nicht erlauben, schwache Hunde durchzufüttern.

Früher gingen die Jäger oft monatelang auf die Jagd. Dabei benötigten sie frauliche Hilfe, um unterwegs die Felle der Beute zu verarbeiten. Sie schliefen in Zelten aus Tierfellen oder in alten Jagdhütten, die in den Jagdgebieten verstreut herumstanden. Der Bau von Iglus, in denen zum Beispiel einige Eskimogruppen in Nord-Zentral-Kanada noch heute wohnen, ist bei den grönländischen Eskimos wenig verbreitet.

Die heutigen Jäger von Sermiligâq gehen nicht mehr so lange und so weit entfernt auf die Jagd, als ihre Vorväter dies taten. Sie beschränken sich auf drei oder vier Tage. Keine Frau leistet mehr den Männern Gesellschaft auf der Jagd, und der Jäger versucht, so schnell wie möglich wieder bei seiner Familie zu sein.

In dem Jagdgebiet Kangerdlugssuak verbleiben das ganze Jahr hindurch zwei Familien. Jeweils im Sommer und im Winter wechseln sie sich ab. In Skjoldungen, im Jagdgebiet südlich von Ammassalik, verbringen rund 50 Menschen den Winter. Sie leben in halb verfallenen Jagdhütten. Es bestehen aber Pläne, in Skjoldungen ein neues Dorf zu bauen.

Die meisten Seehunde können während des Winters an der Eiskante erbeutet werden. Keine leichte Aufgabe für die Jäger, denn die Eiskante kann Kilometerweit von der Küste entfernt sein. Sie laden dazu ihre bis zu 250 kg schweren Motorboote auf die Schlitten und müssen damit zur Eiskante, und nach der Jagd wieder zurück zum Dorf. Die Boote können unmöglich am Eisrand zurückgelassen werden. Es wäre riskant, das Eis könnte sich verändern und das wertvolle Boot abgetrieben werden. Ebenfalls am Eisrand suchen die Eskimojäger nach Walrossen, die ebenso zu der Familie der Seehunde gehören und in Gruppen auf den treibenden Eisschollen leben. Oder sie entdecken zufällig die Fährte eines Eisbären... Eine andere, wesentlich einfachere Jagdmethode im Winter ist das Fangen der Seehunde mit Netzen. Diese Methode hat den Vorteil, daß die Jäger dabei nicht allzu weit und zu lange vom Dorf wegziehen müssen. Drei nicht weit voneinanderliegende Löcher werden in das Eis geschlagen. Mittels einer Harpune zieht man nun durch diese Löcher ein Seil. Dann wird an diesem Tau ein Netz mit Gewichten befestigt, welches wie eine Gardine im Wasser hängt. Jeder Seehund, der an eines dieser Löcher will um zu atmen, verstrickt sich in dem Netz und ertrinkt. Alle sechs, sieben Tage kontrolliert der Jäger seine Fallen. Hatte er Glück, so braucht er das ertrunkene Tier nur aus dem Eis zu ziehen. Die Jäger von Sermiligâq spannen ihre Netze in der Nähe der Karale- und Knud Rasmussen-Gletscher, die beide in den Sermiligâqfjord kalben. In der Nähe der Gletscher ist das Wasser nie ganz zugefroren, so daß sich auch hier gerne die Seehunde aufhalten.

Mangel an Niederschlag und tiefe Temperaturen sind die Hauptmerkmale des arktischen Winters, der acht Monate dauert. Eine Ausnahme sind die Küstengebiete des Pazifischen und Atlantischen Ozeans. Hier sind im Winter die Temperaturen nicht so tief, dafür fällt aber sehr viel Schnee. In keinem Teil der Arktis ist das Klima so wechselnd wie an der Ostküste von Grönland. Typisch für dieses Gebiet sind heftige Winterstürme, der »Piteraq«. Sie entstehen durch Konfrontation eiskalter Luft vom Inlandeis mit milderer Meeresluft. Luftmassen mit unterschiedlichen Temperaturen, Dynamik und Feuchtigkeitsgrad bilden Fronten, die sehr schlechtes Wetter mit sich bringen. Im Winter 1970 verwüstete z. B. der »Piteraq« mit Windgeschwindigkeiten von 320 km/h das ganze Städtchen Ammassalik.

Im Gebiet von Ammassalik, am 65. Breitengrad, herrscht im Winter eine mittlere Temperatur von -20 Grad Celsius. Der Schnee liegt fünf bis sieben Meter hoch. Die Fjorde sind praktisch von Ende Oktober bis Ende Mai zugefroren. Das Tageslicht wird zwischen Sommer und Winter immer weniger. Den ganzen Dezember und Jänner, also zwei Monate lang, leben Sermiligâq und seine Bewohner in absoluter Finsternis. Für uns klingt das trostlos und abschreckend, aber trotzdem bietet der arktische Winter auch Faszinierendes. Manchmal leuchtet der

Mond aus einem wolkenlosen Himmel und verwandelt die weiße Einöde in eine silbergraue Wunderwelt. Zwischendurch erscheint plötzlich das Nordlicht, hell bis dunkelgrüne Schleier, die sich am dunklen Himmel blitzschnell wenden, rollen und wieder verschwinden. Oft brausen im Winter schwere Schneestürme über das Land, die es in eine ungewöhnliche Schneewelt verzaubern. Die kleinen Hütten bieten dann wohlige Wärme und Geborgenheit. Die Eskimos sitzen bis tief in die Nacht bei Petroleumlicht zusammen, erzählen, essen, trinken Kaffee oder Tee und rauchen Pfeife oder Zigarette. Im Winter ist das Leben träge. Seit Videogeräte in ihre Welt eingedrungen sind, helfen James Bond, Hitchcock, Krimis und auch Sexfilme über die lange Winternacht. Die Eskimos schlafen im Winter bis weit in den dunklen Tag hinein, oft bis zu sechzehn Stunden lang.

Mit dem länger werdenden Tagen verlangen die Menschen nach den ersten Anzeichen des Frühlings. Aber sie müssen noch lange warten. Erst spät im Juni beginnt der Frühling. Der immer größer werdende Einfallswinkel der Sonnenstrahlen läßt die Temperaturen langsam ansteigen; es wird heller und heller. Die erstarrte Natur erwacht langsam zum Leben. Das eintönige Weiß der Winterlandschaft muß graubraunen Felsen Platz machen, zwischen denen verschiedene Gräser und Moose endlich wieder atmen können. Vor kurzem bot die Landschaft noch ein lebloses und kahles Bild, nun funkelt plötzlich ein Reichtum an Leben. Der Himmel ist hellblau, und von den Bergen strömen Bäche voll Schmelzwasser in die Täler. Die meisten Pflanzen, die schon unter der dünner werdenden Schneedecke die ersten Blüten bildeten, strecken nun kräftig ihre Köpfe aus dem Boden. Die Natur muß sich beeilen, denn vom Beginn des Frühlings bis zum Ende des Herbstes sind es nur vier Monate, und in dieser kurzen Periode muß sich der Lebenszyklus der Pflanzen vollziehen. Das gleiche gilt auch für die Menschen. Der Frühling, das Licht, die erste Wärme der Sonne, lockt die Eskimos aus ihren Hütten. Die Kinder von Sermiligâq können endlich wieder im Freien spielen. Es herrscht Freude und Ausgelassenheit.

Auch die Jäger finden wieder neue Jagdmöglichkeiten. Die Seehunde kriechen nun auf die Eisschollen, um die Frühlingssonne zu genießen. Der Jäger pirscht sich hinter einem weißen Segel auf einem hölzernen Rahmen, an. So nähert er sich dem Tier bis auf etwa 50 Meter. Durch eine kleine Öffnung im Segel beobachtet er seine Beute. Vorsichtig schiebt er das Segel vor sich her. Der Schuß muß das Gehirn treffen und tödlich sein, denn ein verletztes Tier läßt sich mit letzter Kraft wieder in die Eisöffnung fallen und ist damit für den Jäger verloren. Das Fell kann nur unversehrt verkauft werden.

Auch der Narwal sucht die ruhigen Gewässer der Fjorde auf, um seine Jungen zu bekommen und um Nahrung zu finden. Ein Narwal, oder See-Einhorn kann bis zu sechs Meter lang werden. Bei dem männlichen Tier wächst aus der Vorderseite des Kopfes ein spiralförmiger Zahn aus Elfenbein. Dieser kann zwei, drei Meter lang werden. Wissenschaftler halten diese Zähne für eine Verzierung oder eine Art Geschlechtsmerkmal.

Von Anfang Juli bis Mitte August ist Sommer. Die Sonne steht auf ihrem höchsten Punkt und geht auch nicht mehr unter. Es bleibt Tag und Nacht hell. An der Ostküste herrscht jetzt eine mittlere Temperatur von +4 Grad Celsius. Nur auf den Gipfeln der Berge liegen noch einige Schneefelder. Das Eis in den Fjorden ist abgeschmolzen, und im tiefblauen Wasser gleiten wie riesige Kristalle die Eisberge vorbei. Die Landschaft ist kahl. Scharfe Winde und der Permafrost zwingen jede Form von Vegetation sich ganz flach an den Boden anzupressen. Der Boden taut nur ein paar Dezimeter auf, so daß das Wasser nicht abfließen kann. Dies hat entscheidende Auswirkungen für die Vegetation. Das Schmelz- und Regenwasser verbleibt in der dünnen, aufgetauten Schicht, es kann sich kein Grundwasser bilden. Von den Bergen strömt das Wasser ungehindert in die Täler ab. Zurück bleiben felsige, rauhe und kahle Felsflanken. Im flachen Gelände bleibt das Wasser stehen und es bilden sich Moore. Auf diesen morastigen Plätzen entwickelt sich jedoch ein reichhaltiges Leben. Hier gedeihen die verschiedensten Moosarten in allen Grüntönen, auf windgeschützten Plätzen blühen Sternmiere (stellaria humifasa), Steinbrech (saxifraga oppositifolia) arktische Papaver (papaver radicatum) und viele andere kleine Blumen in bunten Farben. Zahlreiche Tiere haben nun ihren Winterschlaf beendet. Schmetterlinge und Hummeln schaukeln von Blume zu Blume, und auf einem Bergsee stolzieren ein paar Schneehühner. Spuren von Hasen, Gänsen und Füchsen verraten ihre Anwesenheit.

Bäume und Sträucher fehlen, aber dadurch wird die strenge Schönheit der arktischen Landschaft betont. Das Auge kann sich ganz auf die vielen wunderschönen Details konzentrieren. Es ist schon faszinierend zu sehen, mit welch raffinierten Eigenschaften die Natur Fauna und Flora ausgestattet hat, um in diesem lebensfeindlichen Teil der Erde gedeihen zu können. Die meisten Pflanzen z. B. haben einen kompakten und niedrigen Wuchs, der sie vor dem Austrocknen durch die schneidenden Winde schützt. Bis zur Blüte halten sich die behaarten Knospen unter der Erdoberfläche verborgen, um sich so der Kälte zu entziehen. Die meisten Pflanzen vermehren sich durch Ausläufer, oder der Wind sorgt für die Verbreitung der Samen. Viele Tiere, die in der Arktis beheimatet sind, halten einen Winterschlaf. Farbe und Dicke ihrer Felle werden von der jeweiligen Jahreszeit bestimmt.

Auch den Menschen des hohen Nordens hat die Natur mit Eigenschaften ausgestattet, die es ihm ermöglichen, der Kälte besser zu widerstehen. Seine Hände und Füße sind kleiner als die eines durchschnittlichen Europäers, seine Haut zäher, sein Rumpf dicker, seine Gliedmaßen kürzer, seine Nase flacher und die Nasenlöcher kleiner. Die erwachsenen Eskimos haben im Zehen- und Fingerbereich ein dichteres Blutgefäßenetz als andere Völker. Dadurch entsteht eine bessere Durchblutung, und die Gefahr einer Erfrierung ist somit geringer. Eine große Rolle beim Kampf gegen die Kälte spielen noch die fettreiche Nahrung, Abhärtung und Gewöhnung an die Kälte. Auch physisch und geistig trotzen die Eskimos der Kälte. Sie akzeptieren, daß die Natur über ihr Leben und über ihren Tod beschließt. Sie haben zwar Angst vor dem Rätselhaften und Mysteriösen ihrer Umgebung, aber keine vor dem Tod. Ihr unerschütterliches Selbstvertrauen, ihre harte Selbstdisziplin, ihr Humor und Gefühl für das Komische helfen, die gefährlichsten Situationen zu bestehen. Jeder Eskimo ist ein geborener Spaßmacher. Er erzählt gerne Witze und Märchen, die sich wie ein Lauffeuer auch in andere weit entfernte Dörfer ausbreiten.

Hunger und Kälte

Der Eskimo hat ein fröhliches und sorgenloses Gemüt. Dennoch ist das Leben an der Ostküste von Grönland für seine Bewohner beschwerlich. Solange genug Wild vorkommt und sich die Bevölkerung ausreichend ernähren kann, ist das Leben hier gesichert. Seehunde, die das ganze Jahr über gejagt werden, bilden die Hauptnahrung. Der Wildbestand in der Arktis ist aber sehr stark von den äußeren Umständen und den klimatischen Veränderungen abhängig. So sind z. B. als Folge einer allgemeinen Erwärmung des Klimas seit dem 18. Jahrhundert die Moschusochsen aus den meisten Fjorden der Ostküste verschwunden, ebenso Arktishasen und Karibus. Seit Anfang dieses Jahrhunderts (1920-1940) sind besonders an der atlantischen Seite der Arktis die Luft- und Wassertemperatur gestiegen. Ein großer Rückgang des Treibeises war die Folge. Der Polardorsch (boreogadus saida) dient der Ringelrobbe als Hauptnahrung. Durch die Erwärmung des Meeres zog diese Fischart weiter nördlich in kältere Gewässer. Der Bestand der Ringelrobbe verringerte sich dadurch in den mittleren und südlichen Breiten Grönlands erheblich. Die Ringelrobbe wiederum gilt als die Beute Nr. 1 für den Eisbär, daher ging auch sein Bestand zurück, im Norden und Osten um 50 Prozent, im Westen ist er völlig verschwunden. Ebenfalls bis zum Beginn des 20. Jahrhunderts kamen in Ostgrönland auch Rentiere vor. Sie verschwanden noch vor dem 2. Weltkrieg, vermutlich aus klimatologischen Gründen. Von 1982 bis Mitte 1984 trieb eine anhaltende und ungewöhnliche Kälte die Robben in das südliche Grönland. Drei Jahre hindurch mußten die Einwohner von Sermiligâq einen Kampf führen, den sie am meisten fürchteten: den Kampf gegen Hunger und Kälte. In einem Nachbardorf wurde die Situation so katastrophal, daß sich eine ganze Familie selbst umbrachte. Es gibt zwar in dem kleinen Dorfgeschäft einige Lebensmittel aus Dänemark zu kaufen, aber das nur für bares Geld. Und das bekommen die Eskimos nur für Robbenfelle oder für den Pelz eines Eisbären. Die Jagd auf Seehunde war aber aus den bekannten Gründen unmöglich. Das Fleisch wurde weniger, und die kleinen Holzhäuser zu erwärmen wurde zu einem immer größeren Problem. Denn Kohlen und Petroleum zu kaufen, ohne den Erlös aus dem Fellhandel ist selbst in Grönland unmöglich.

Mitte des 19. Jahrhunderts sorgte die übertriebene Jagd der europäischen Walfänger für das Verschwinden der Wale und der Seehunde aus diesem Gebiet. Es folgte eine Hungersnot, die 15 Prozent der Bevölkerung an der Ostküste das Leben kostete. In dem Nachbardorf Kungmiut, 60 Kilometer von Sermiligâq entfernt, aßen noch 1872 eine Frau und ihre Tochter elf ihrer Familienmitglieder auf. Sie hatten keine andere Wahl um zu überleben. Für uns mag dies unbegreiflich sein. Die Eskimos mußten akzeptieren, daß es Zeiten gab, in denen solche schrecklichen Praktiken notwendig waren.

Während der Jagd ist ein Jäger oft 15 Stunden dem Wind und Wetter ausgesetzt. Manchmal kommt er steifgefroren und mit leeren Händen nach Hause. Aber es kann auch vorkommen, daß er gar nicht mehr zurückkehrt. Jagdunfälle sind neben Erkrankungen der Atemwege die häufigste Todesursache bei diesen Menschen. Das Boot bleibt im Treibeis stecken, kentert oder wird vom Eis zerdrückt, oder man geht nicht vorsichtig genug mit dem Gewehr um, oder aber der Jäger hat die Tragkraft der Eisdecke überschätzt. Die Arktis hält viele Gefahren bereit. Vor ein paar Jahren kamen sechs Jäger aus Sermiligâq durch Lawinen ums Leben. Vor allem aber läßt der Alkohol die Jäger von heute ihre Gefahren nicht mehr deutlich erkennen.

HILFE

Man kann sich leicht vorstellen, daß ein Volk, das nur vom Verkauf eines Produktes, und zudem noch von den Launen der Natur abhängig ist, nicht reich werden kann, im Gegenteil ums nackte Überleben kämpfen muß. Die wenigen Ansiedlungen in Grönland mit einem archaischen Jagdsystem, wozu auch Sermiligâq gehört, unterstützt die

→
Nicht lange nach der Entdeckung von Ammassalik wurde aus der Eskimosiedlung eine dänische Metropole an der Ostküste. Die Aufnahme entstand um 1908. (Foto: A. Berthelsen)

Regierung mit Baukrediten. Für den Ankauf von Motorbooten werden ebenfalls Kredite gewährt. Andererseits bekommt der Eskimo für seine Ware einen festgesetzten Preis. Felle und Pelze der Jagdbeute können die Jäger im Dorfgeschäft anbieten, das bis zum 1. Jänner 1986 in den Händen der KGH (Königlich Grönländische Handelsgesellschaft) war. Pro Seehundfell bekommen die Eskimos derzeit 300 Kronen, pro Eisbärfell 500 Kronen. Die Preise blieben die letzten acht Jahre hindurch unverändert, obwohl die Kosten für importierte Nahrungsmittel und Bekleidung seither enorm gestiegen sind. Für diesen Preisverfall tragen weltweite Aktionen von Umweltschutzorganisationen die Verantwortung, wenngleich sich deren Aktivitäten in erster Linie gegen das brutale Abschlachten von Robbenbabies in der kanadischen Arktis richtet. Moralisch ist dieses Vorgehen absolut in Ordnung. Die Weltöffentlichkeit wurde hellhörig, und die Fellpreise auf dem Weltmarkt sanken rapid. Die Felle der Klappmütze, Ringel- und Sattelrobbe wurden zuvor gerne für Pelzmäntel verwendet.

Im Jahr 1983 verbot die EWG unter Druck des Internationalen Tierschutzverbandes generell die Einfuhr von Seehundfellen. Obwohl nicht alle Staaten dieses Verbot unterzeichneten, brach der gesamte Seehundfellmarkt zusammen, die Nachfrage nach solchen Pelzmänteln wurde immer geringer. Für ein unverarbeitetes Robbenfell fiel der Preis um ein Drittel. Das alles war ein schwerer Schlag für die Eskimos von Grönland, die fast ausschließlich von der Jagd auf Robben leben. Und das betrifft immerhin ein Viertel der gesamten Bevölkerung.

Neben den Eisbärfellen sind die Seehundfelle das einzig mögliche Verkaufsobjekt des Eskimos, um bares Geld in die Hand zu bekommen. Und Geld brauchen die Eskimos dringend, um ihre Hütte oder das Motorboot zu bezahlen, um die allernotwendigsten Artikel wie Jagdausrüstung, Munition, Brennstoff, Haushaltsgeräte, Wäsche und Nahrungsmittel einzukaufen.

Die Preise und der Markt für ihre Felle sind auf lange Zeit hinaus zerstört. Gibt es in dieser archaischen Jagdgemeinschaft noch eine Zukunft für die junge Generation von Sermiligâq?

*

Der Weg in die Unabhängigkeit

In frühgeschichtlicher Zeit lebten die Eskimos als Nomaden in Gruppen zusammen. Sie jagten mit Harpunen Seehunde und Walrosse, mit Pfeil und Bogen töteten sie Rentiere und Moschusochsen. Im Winter lebten sie zusammen in Häusern, die halb in den Boden gebaut wurden. Auf der Suche nach neuen Jagdgebieten zogen sie, vom Westen kommend, in östliche und süd-östliche Richtungen. Man vermutet, daß um 2 500 v. Chr. die erste Gruppe von Eskimos Grönland über den Moschusochsenweg erreichte. Dieser verlief vom NO des Ellesmerlandes über den zugefrorenen Robeson-Kanal nach NW-Grönland. Sie folgten zuerst der Nordküste und breiteten sich dann nach dem NO der Insel aus.

Beständigkeit ist ein typisches Merkmal der Eskimokultur. Zu Beginn unserer Zeitrechnung bestand diese Kultur bereits viele Jahrhunderte. Ihre Basiselemente haben sich sogar bis heute erhalten. Während in Europa und anderen Teilen der Welt neue Kulturen und Weltreiche entstanden, zur Blüte kamen und wieder zugrunde gingen, jagten die Menschen im hohen Norden mit Harpunen auf Seehunde, erwärmten und erhellten ihre Behausungen mit Tranlampen, erzählten ihren Kindern alte Sagen und fertigten aus Speckstein, Horn, Knochen und Elfenbein mit Geschick ihre Jagd- und Arbeitsgeräte. Diese Kultur entwickelte sich im Laufe der Zeit immer weiter, so daß die Werkzeuge und Jagdmethoden bis zur Perfektion ausreiften.

Bei archäologischen Ausgrabungen hat man Gegenstände aus prähistorischer Zeit gefunden. Anhand dieser Funde kann man deutliche Unterschiede verschiedener Eskimokulturen feststellen, deren Namen auf die bedeutendsten Fundplätze in Alaska, Kanada und Grönland hinweisen. Die ältesten Funde in Grönland werden der *Independence-Kultur* zugeordnet, benannt nach dem Independence-Fjord im NO Grönlands. In diesem Gebiet gibt es Treibholz aus Sibirien; doch mehr

Frauen und Kinder im Gebiet von Ammassalik im Mai 1906: sorgenfreie, fröhliche Menschen. Aufgrund ihrer totalen Isolation hatten sie sich nicht, wie die Einwohner der Westküste, mit den Europäern vermischt. (Foto: W. Thalbitzer)

als vier Monate im Jahr ist es hier völlig dunkel, und fünf Monate hindurch geht die Sonne nicht unter. Trotz der langen finsteren Periode im Jahr ist es verwunderlich, daß man dort bisher keinen Gegenstand gefunden hat, der als Lampe gedient haben könnte. Funde von Knochen und Jagdwerkzeugen lassen den Schluß zu, daß die Independence-Menschen von der Jagd auf Moschusochsen lebten.

Zwischen 800 und 400 v. Chr. erreichte die *Sarqaq-Kultur* Grönland. Sie nahm ihren Anfang vermutlich von Ellesmereland aus über den Smith-Sund im Süden von Kap Alexander. Diese Kultur breitete sich längs der Westküste zum Süden hin aus und soll sogar das Gebiet von Ammassalik erreicht haben. Zeugnisse dieser Kultur kamen bei Ausgrabungen im Gebiet der Disko-Bucht an der Westküste zu Tage: Speer- und Pfeilspitzen, Pseudo-Gravierstifte, kurze Klingen, dreiteilige Schaber aus »Angmak«, einer Art Horn. Das Auffallende aber an den Sarqaq-Menschen war, daß sie Hunde besaßen. Sie benützten sie aber nicht als Zugtiere, sondern um Lasten zu tragen.

Zu Beginn unserer Zeitrechnung erreichte eine neue Gruppe von Eskimos Grönland. Sie waren die Träger der *Dorset-Kultur*. Im Gegensatz zu den vorangegangenen Kulturen ist aus alten Eskimosagen viel über die Dorset-Menschen bekannt. So z. B. hatten die Familie und die Kinder bei ihnen einen hohen Stellenwert.

Um die Seehunde zu töten, schlugen sie Löcher in das Eis, an denen die Tiere nach Luft schnappten. Bei der Jagd nach Rentieren trieben sie die Herde in ein Sumpfgebiet, und töteten sie dann mit ihren Lanzen. Kajaks und Hunde waren ihnen aber unbekannt, wohl aber der Iglu. Aus dieser Zeit wurden Schneemesser gefunden, womit die Dorset-Menschen Schneeblöcke aus der Schneedecke schnitten. Charakteristisch für die Dorset-Kultur sind kunstvoll verzierte Nadeln, Harpunen, Lanzen, Fischspeere und Specksteinlampen. Funde solcherart bezeugen, daß die Dorset-Kultur sich in den Norden, und weiter Richtung Nordosten bis zum Pearyland hin ausbreitete. Selbst im Osten, in Scoresby Sund und südlich davon in Ammassalik fand man Spuren der Dorset-Kultur.

Im Laufe des 12. und 13. Jahrhunderts erreichte von Alaska ausgehend eine neue Kultur Grönland – die *Thule-Kultur*. Ihr Weg ging über das nördliche Eismeer in den Nordwesten Grönlands. Von dort erreichte die Kultur den Nordosten, dann die Westküste und schließlich den Süden der Insel. Die neue Thule-Kultur verdrängte zwar die alte Dorset-Kultur, aber trotzdem übernahm sie einige Elemente davon. Zum Beispiel den Iglu, oder die Technik, im Eis Seehunde zu fangen. Die Thule-Eskimos spezialisierten sich in der Jagd auf Seetiere und entwickelten dabei ihre Jagdausrüstung und -methoden zur höchsten Perfektion. Sie waren Meister im Bauen der Kajaks und beherrschten das Boot selbst bei stürmischster See. War ein Boot gekentert, so konnten sie sich mit Hilfe der sogenannten Eskimorolle wieder aufrichten. Gegen das Spritzwasser schützten sich die Jäger mit einer getrockneten Seehundhaut, die ihren Körper mit dem Kajak wasserdicht verband.

Die Thule-Eskimos waren die ersten Eskimos, die auf Wale jagten. Mit ihrem Erfindergeist entwickelten sie eine Methode, die sicher Erfolg brachte, aber sie verlangte auch Mut, denn der riesige Grönlandwal kann zwischen 70 und 100 Tonnen schwer sein. Dieses größte Meeressäugetier bejagten sie mit einem »Umiak«, dem Frauenboot. Dieses hatte Platz für mehrere Personen und trug seinen Namen zurecht, denn meistens ruderten die Frauen. Die Jäger versuchten langsam möglichst nahe an das Tier heranzukommen. Dann warf ein Jäger seine Harpune, die mit dem Boot durch ein Seil verbunden war, nach dem Tier. Drei Bojen aus Seehundhaut zeigten dem Jäger an, wo das Tier sich befand. Schnell wurde daraufhin das Boot zu dem Tier gesteuert. Ein paar Jäger sprangen nun auf den Riesenrücken und gaben dem Wal den Todesstoß. Dies alles mußte sehr schnell gehen, denn es kam auch vor, daß der Getroffene wie ein Torpedo mit dem Harpunenseil davonschoß oder abtauchte. In einem solchen Fall war die Beute verloren, denn um das Boot und die Besatzung zu retten, mußte das Tau gekappt werden. Während der Waljagd trugen die Jäger eine Kleidung aus Seehundhaut, die von oben bis unten wie ein Trockentauchanzug hermetisch abgeschlossen war, so daß sie als Kälteschutz und Auftriebskörper diente, sollte ein Jäger auf dem rutschigen Rücken einmal ausgleiten.

Die Thule-Eskimos kamen auch auf die revolutionäre Idee, vor ihre Schlitten Hunde zu spannen, und nicht wie ihre Vorfahren es taten, die Schlitten selbst zu ziehen. Mit Kajak und Umiak im Sommer und mit dem Hundeschlitten im Winter, erreichten die Thule-Menschen einen enormen Aktionsradius, der es zuließ, weiter entfernte und bessere Jagdgebiete zu erreichen, somit ihre Siedlungsgebiete auszudehnen. Aus der Thule-Kultur entstand schließlich die *Inugsuk-Kultur*. Sie erreichte im 14. Jahrhundert im Gebiet vom heutigen Thule im NW Grönlands ihren Höhepunkt. Die Kajakjagd und das dazugehörende Gerät wurde von ihr weiter entwickelt. Plötzlich tauchen in dieser Eskimokultur fremde Elemente auf, von einem fremden Volk, das von weither über das Meer gekommen war, und sich währenddessen im Süden von Grönland angesiedelt hatte, es waren die *Wikinger*.

Die Inugsuk-Kultur breitete sich entlang der Westküste Richtung Süden hin aus und erreichte um das 15. Jahrhundert das Gebiet von Ammassalik. Das zunehmend schlechte Klima und der intensive Wal-

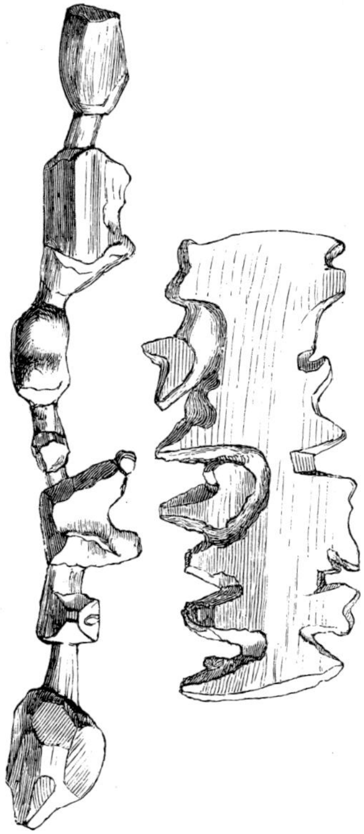

Die älteste Karte von Grönland, von Wikingern aus Holz geschnitzt.

fang zwischen 1650 und 1850 waren die Ursachen für den Untergang dieser Kultur. Die Kontakte zwischen dem Thule-Distrikt und dem südlichen Teil der Westküste brachen aus ungeklärtem Grund ab. Auch der südliche Teil der Ostküste entvölkerte sich, so daß das Gebiet von Ammassalik und Kangerdlugsuaq total vom Rest Grönlands isoliert wurde. Um 1870 war auch der NO unbesiedelt. Eine Erklärung, warum die Bewohner diese Gebiete verließen, gibt es nicht. Man vermutet aber einen Zusammenhang mit dem Verschwinden der Rentiere. Ammassalik selbst blieb bis zum Jahre 1884 von den Einflüssen der Walfangflotten, Abenteurern und Missionaren verschont und lebte in völliger Abgeschiedenheit.

EINE BLÜHENDE KOLONIE

»Der Norweger, Erik Thorwaldson, wird auf Island wegen Totschlag für vogelfrei erklärt. Jeder der das weiß, kann über sein Leben und sein Vermögen entscheiden. Zurück nach Norwegen kann Erik auch nicht, denn auch dort wird er wegen eines früheren Totschlags Schwierigkeiten bekommen. Von Guunbjörn hat er aber gehört, daß im Westen von Island noch ein weiteres Land ist...« – so berichtet die Geschichte.

Fünf Jahre zuvor war dieser Guunbjörn durch einen großen Sturm weit nach dem Westen abgetrieben worden. Dabei entdeckte er eine Küstenlinie und verschneite Bergkämme. Dichtes Packeis verhinderte aber, daß er an Land gehen konnte. Mit treugebliebenen Freunden und Knechten beschloß also Erik Thorwaldson (uns besser unter dem Namen Erik der Rote bekannt), dieses Land zu suchen. Im Jahre 980 verläßt er Island in Richtung Westen und erreicht tatsächlich die Küste von Grönland in der Nähe des heutigen Skovfjord, im Südosten der Insel. Er erforschte die Küstenlinie in Richtung Süden, vorbei an Kap Farvel und wendet sich dann in Richtung Norden. Hier war das Meer eisfrei, und das Land grün, grüner als Island, wo er herkam. Hier konnte man wohnen, leben!

Nach drei Jahren kehrte Erik der Rote nach Island zurück. Er wollte die Menschen in Island für das »Grüne Land« im Westen gewinnen. Er versprach fruchtbare Fjorde, grüne Felder, geeignet für Schaf- und Viehzucht. So kam es, daß 25 Schiffe, vollgepackt mit Menschen, Vieh und Haushaltsgeräten nach dem gelobten Land aufbrachen. Aber nur 14 Schiffe und ungefähr 100 Menschen erreichten das Ziel, fanden sicheren Hafen und ein Zuhause an den Fjorden im Süden Grönlands. Der Rest erlitt Schiffbruch, oder wurde durch das Eis gezwungen, umzudrehen. Wegen ihrer norwegischen Tradition errichteten die in Grönland Angekommenen einzeln stehende Bauernhöfe, die selbständig existieren konnten.

Das kleine Wikingerreich in Grönland wuchs schnell. Fette, grüne Weiden ließen die Viehzucht florieren. Die Bodenproduktivität wurde noch durch künstliche Bewässerung erhöht. Außerdem bot die neue Heimat auch seltsame und unbekannte Jagdtiere, die nicht nur eine willkommene Abwechslung auf den Speiseplan brachten, sondern auch wertvolle Tauschobjekte bildeten. Leif, der Sohn von Erik dem Roten, kehrte um das Jahr 1000, nach Norwegen zurück. Er brachte seinem König wertvolle und seltene Geschenke mit: Pelze von Polarfüchsen, Seehunden, Rentieren und Eisbären, Elfenbeinzähne von Narwalen und Walrossen, lebende Falken. Das Interesse war geweckt. Leif ließ sich in Norwegen auch christianisieren, und so kam es, daß ihm bei seiner Rückkehr nach Grönland ein Priester begleitete, um die heidnische Wikingerkolonie zum Christentum zu bekehren. Sehr schnell etablierte sich die geistliche Macht neben der weltlichen. Bereits 1126 bekamen die Wikinger auf Grönland einen eigenen Bischof. Selbst die Kirchensteuer wurde in Grönland wie im Mutterland eingezogen, hier allerdings in Form von Elfenbein.

Man schätzte die Zahl der Einwohner in der Wikingerkolonie Grönlands während des Mittelalters auf ca. 3000-4000. Die Kolonisten bauten 16 Kirchen, ein paar Klöster, rund 300 Bauernhöfe und hatten ungefähr 3000 Rinder. 1261 unterwarf sich der grönländische Freistaat unter dem Einfluß der Kirche dem norwegischen König.

Jagd und Viehzucht waren nur ein kleiner Erwerbsteil der Wikinger-

→

Das Dorf Tiniteqilaq. Entlang Grönlands Ostküste leben heute in zehn Dörfern insgesamt nur etwa 3.000 Einwohner.

→

Johan Uitsatikitseq benützt nur noch selten den alten Mundbohrer.

→→

Kajaks waren vollendete Meisterwerke der praktischen Erfindungsgabe der Eskimos. Sie sind eine Entwicklung der Thule-Eskimos, die das Boot selbst bei stürmischer See meisterhaft beherrschten.

←
Mitternachtssonne. Kurz bevor die Sonne am Horizont verschwindet, geht sie bereits am Rasmussen-Gletscher wieder auf.

←
Rostige Zeugen der Vergangenheit. 1943 stationierte die Deutsche Wehrmacht eine Gruppe von Meteorologen an Grönlands Ostküste. Daraufhin bauten die USA im Ikateq-Fjord einen Luftwaffenstützpunkt. Über 40 Jahre danach stehen noch immer in dem schönen Fjord verrostete Tonnen, Jeeps und eingefallene Baracken der Amerikaner.

→
Ein US-Transporter im Søndre Strømfjord.

→
Der Insel im nördlichen Eismeer wird heute von den USA und der NATO große Bedeutung beigemessen. Die DEW-Station auf der Insel Kulusuk, fungiert als Teil der sogenannten SOSUS-Kette.

←
Die von holländischen Walfängern eingeführten Glasperlen erfreuen sich bis heute in Grönland größter Beliebtheit.

←
Eine Mutter trägt noch immer traditionell ihr Kind auf dem Rücken.

kolonie. Vielmehr trieben sie Handel mit Fellen von Polarfüchsen, Rentieren, Seehunden, Eisbären und mit lebenden Falken. Die Kirche in Europa hatte größtes Interesse an dem kostbaren Elfenbein der Walrosse- und Narwalzähne, woraus sich prächtigste Kunstgegenstände herstellen ließen. Zwischen Norwegen und Grönland entstand eine wichtige Seeverbindung, die der Kolonie Reichtum einbrachte. Hinter meterdicken Mauern der Häuser entwickelte sich eine hochstehende Wohnkultur mit gewebten Teppichen und aus Holz geschnitzten Möbeln.

Im Laufe des 13. Jahrhunderts während der Expansion der Thule-Eskimos in den Süden, müssen diese unvermeidlich mit den Norwegern zusammengetroffen sein. Zahlreiche Elemente der *Thule-Inugsuk-Kultur* aus dieser Zeit deuten auf Kontakte hin: hölzerne Figuren, die Norweger darstellen, Gegenstände aus Metall, wollene Kleidung, kleine hölzerne Gefäße usw. Die Eskimos verlassen die Steinzeit.

Im 14. Jahrhundert verschlechterte sich die Verbindung zwischen Europa und Grönland. Für die Wikinger, die stark vom Export ihrer Waren abhängig waren, stellte die schlechter werdende Handelssituation einen schweren Verlust dar. Eskimosagen aus dieser Zeit berichten auch von Morden an den Weißen. Es muß sich dabei um Überfälle auf norwegische Siedlungen im Gebiet von Godthab, dem heutigen Nuuk, handeln. Die Blütezeit des kleinen Wikingerreichs ging vorbei. Seine Bewohner hatten um diese Zeit mit großen Schwierigkeiten zu kämpfen.

Um das Jahr 1500 sind im gesamten Süden von Grönland plötzlich alle Wikinger verschwunden. Die gesamte weiße Kolonie ist wie vom Erdboden verschluckt. Keiner archäologischen Arbeit ist es bisher gelungen, Licht in das Dunkel zu bringen. Forschungen aus neuerer Zeit berichten davon, daß die norwegischen Siedlungen an der Julianehabbay, dem heutigen Qaqortoq, bis zuletzt in Frieden lebten. Die gefundenen Skelette aus dieser Zeit zeigen keine Merkmale von Gewalt oder andere äußere Einwirkungen. Wurden also die Wikinger durch die Pest ausgerottet? Spielte die drastische Verschlechterung des Klimas die entscheidende Rolle? Waren die Siedler durch jahrhundertelange Inzucht psychisch und physisch geschwächt? Alles das bleiben Vermutungen.

In jedem Fall aber hat um das Jahr 1500 die Inugsuk-Kultur die Südspitze von Grönland hinter sich gelassen und das Gebiet von Ammassalik erreicht. Das norwegische Geschlecht aber ist aus Grönland gänzlich verschwunden.

*

Ein Eskimo über die Medizinmänner:

»Wenn ein Schamane heilt,
dann ist er von Sinnen,
aber er ist nicht wahnsinnig!«

Jean Malaurie (Prof. für Anthropologie
und arktische Ökologie in Paris):

»Die Eskimokultur ist ein Teil vom kulturellen Ergbut der Welt. Wir können sie nicht auslöschen, ohne selbst dabei zu verarmen.«

Fremdes Blut

Im 16. Jahrhundert war der Walfang für Europa von großer Bedeutung. Zuerst wurden die Wale rund um Spitzbergen gejagt, und schon nach 50 Jahren war in diesem Gebiet nicht mehr viel Beute zu machen. Es mußten neue Jagdgebiete gefunden werden, und 1650 erschienen die ersten Walfangschiffe in grönländischen Gewässern. Die Flotten vermieden die Ostküste mit seinem vielen Treibeis, machten einen großen Bogen um Kap Farvel, und erreichten endlich das eisfreie Gebiet der Davisstraße, oberhalb Frederikshab, das auf grönländisch Pamiut heißt. Jedes Frühjahr kam eine Flotte mit annähernd 10 000 Mann, bestehend aus Holländern, Dänen, Deutschen, Engländern und Franzosen.

Seit dem Verschwinden der Wikinger von der Südküste festigten sich die Eskimos in deren Gebiet. Nun aber überflutete eine zweite Welle von Weißen das Land, welche aber einen viel größeren Einfluß hinterlassen sollte, als die erste.

Am Anfang hatten die neuen Fremden ausschließlich Interesse am Grönlandwal. Sie brachten ihre Beute an Land zum Schlachten. Nur das Fischbein und der Tran war für sie von Interesse. Tran wurde im fernen Europa für die ersten Straßenlaternen als Brennmaterial benötigt und das Fischbein als Grundmaterial für Regenschirme und Korsettstangen. Ein Wal liefert 25 Tonnen Tran und eine Tonne Fischbein. Die Haut, das Fleisch und die Knochen blieben unbeachtet. Dafür hatten die Eskimos Verwendung. Die Walfischhaut schmeckt gut und ist reich an Vitaminen. Mit den Walknochen lassen sich aus Mangel an Holz Waffen, Kufen für Schlitten, Boote, Zeltstangen und Häuser bauen.

Es dauerte aber nicht lange, bis die Walfänger auch Interesse an Dingen fanden, die schon den Wikingern Reichtum brachten: Pelze von Polarfüchsen, Eisbären, Seehunden und natürlich das Elfenbein von Walroß und Narwal. Im Tausch dafür erhielten die Eskimos Messer, Angelhaken, Metallnadeln, Bauholz, Glasperlen, Messingkessel, Krüge, Gewehre, Pulver und Kugeln. Alles Sachen, die die Eskimos noch nie zuvor gesehen hatten. Vor allem das Gewehr tat es den Eskimos an. Für all dies gaben die Eskimos der Inugsuk-Kultur ihre eigene hochstehende Kultur auf. Die Handelssprache war ein Gemisch aus Eskimo und Niederländisch. Zwischen den Walfängern und der einheimischen Bevölkerung entwickelte sich eine freundschaftliche Atmosphäre. Nach den Tauschgeschäften setzten sich die Partner zusammen, der Genever wurde hervorgeholt, es wurde getanzt, der Schamane löschte die Tranlampen und im Rausch von Feiern und Alkohol vermischten sich die Eskimos an der Südwestküste mit den Fremden aus dem fernen Europa zu einer neuen Rasse: den Grönländern. Für die Eskimosippen war das fremde Blut willkommen, und sie boten daher ihren Gästen gerne ihre Frauen und Töchter an. Diese Zeit lebt noch heute in alten Tänzen fort. Inzwischen haben auch die von den Holländern eingeführten Glasperlen große Bedeutung in der Eskimotradition erhalten. Glasperlen verzieren Krägen, Blusen, Arm- und Halsbänder, sowie Wandbehänge. Durch die Walfänger kamen die Eskimos aber auch in Kontakt mit Tabak und den schon erwähnten Alkohol, der noch heute in Grönland ein Problem darstellt. Daneben schleppten die Weißen Krankheiten wie Gonorrhoe, Syphillis, Grippe, Erkältungen, Masern und TBC ein, die sich in verheerenden Epidemien ausbreiteten. Für viele Einheimische bedeutete dies den frühzeitigen Tod.

Zwischen 1650 und 1750 kamen jedes Frühjahr die Walfängerflotten aus Europa in die Davisstraße. Pro Jahr erlegten sie im Durchschnitt 100 Tiere. Kein Wunder also, daß der Bestand der Wale auch in diesem Gebiet stark zurückging. Die Zeit des großen Beutemachens war vorbei. Das Jahr 1777 brachte dem Walfang eine empfindliche Niederlage. Die gesamte Flotte, ungefähr 100 Walfangschiffe, steckte im Packeis fest. In diesem Jahr war das Packeis wesentlich weiter nördlich verschoben als gewöhnlich. Viele Schiffe sanken durch Eispressungen. Der größte Teil der Mannschaften kam dabei um. Nur einige wenige konnten sich auf Eisschollen retten. Sie trieben der Küste entlang. Dort mußten manche von ihnen jahrelang (!) auf Rettung warten. Das bedeutete das einstweilige Aus für die Waljagd. Die Flotte war vernichtet, die meisten Walfänger tot, der Wal beinahe ausgerottet, die blühende Inugsuk-Kultur der Eskimos entartet, und in Europa warteten viele Familien vergebens auf die Rückkehr ihrer Männer.

In Europa war man der Meinung, daß die Grönländer Nachkommen von Erik dem Roten waren. Dieser Irrtum sollte sich bis in das 18. Jahrhundert hinein halten. Während der Blütezeit der Waljagd kam es zwischen Dänemark-Norwegen, Holland, England, Frankreich und Deutschland zu erheblichen Differenzen. Dänemark-Norwegen beanspruchte die Seegebiete zwischen Norwegen und Grönland, das ja seit langem eine Kolonie Norwegens war. Mit dieser Strategie versuchte Dänemark-Norwegen seine Konkurenten auszuschalten, um das Handelsmonopol fest in die Hand zu bekommen. Die Holländer hinderte dies aber nicht, nach wie vor an der Westküste zu jagen.

1721 kam der fromme Pastor Egede aus Norwegen nach Grönland. Er kam aber nicht, um die Eskimos zu belehren, sondern um seine Vorväter zu suchen, die sich vor ein paar Jahrhunderten zum Christentum bekannten, und von denen man seit zwei Jahrhunderten nichts mehr gehört hatte. Egede ging bei Nuuk, der heutigen Hauptstadt von Grönland an Land, richtete dort eine Mission ein und gab dieser den Namen »Godthaab« (Gute Hoffnung). Heute steht an dieser Stelle ein Denkmal von Egede, als der große Grönlandapostel. So ging er in die Geschichte von Grönland ein und in die Schulbücher der Eskimokinder, die in Dänemark gedruckt werden. Über die wahre Natur von Egede ist aber wenig bekannt. Die eine Literatur bezeichnet ihn als großen Mann, andere Quellen beschreiben ihn als einen engstirnigen Geistlichen, der stark den Stempel seines nordischen bürgerlichen Milieus trug, als Produkt auch des Pietismus seiner Zeit.

Wie dem auch sei, an der Westküste von Grönland wird verstärkt Handel getrieben und fleißig das Christentum verkündet. Die Akkulturation der Eskimos geht rasend schnell vor sich. Überall entstehen neue Handels- und Missionsstationen. Bereits 1774 wird die KGH, die Königlich Grönländische Handelsgesellschaft gegründet. Nun liegt das Handelsmonopol in Händen der Dänen und Norweger. Aus den Handelsstationen werden kleine Dörfer und Städte. Die Verwaltung und die Besteuerung obliegen den Beamten der KGH. Das Grönland der Eskimo wird durch Dänen und Norweger kolonialisiert.

Zwischen 1807 und 1814 liegt Europa im Krieg mit Napoleon. Die Verbindungen mit Grönland sind unterbrochen. Durch den Frieden von Kiel wird Norwegen an Schweden abgegeben. Damit gehen die nordatlantischen Besitzungen (Island, die Färöer und Grönland) in dänische Hände über.

In Ammassalik lebt man unterdessen noch immer in totaler Isolation. Man weiß hier nichts von Walfängern und Missionaren, von Handels- und Missionsposten, von Gewehr und Munition, von Tabak und Alkohol ... Selbst im Westen Grönlands vermutet man nicht, daß hier Menschen leben. Das viele Packeis verhindert den Zugang von der Seeseite, und zwischen West und Ost liegt eine riesige lebensfeindliche Eiswüste. Dennoch gleicht bis in das 18. Jahrhundert hinein die Kultur im Ammassalikgebiet jener der Westküste. Ab diesem Zeitpunkt aber entwickelt sich im Westen eine eigenständige Kultur auf dem Gebiet der Religion, der Kunst (Ornamentik) und der Sagen. Bezeichnend für diese eigenen Entwicklungen sind Skulpturen die an die Dorset-Kultur erinnern. Hier an der Ostküste aber kümmert sich noch immer der Angakok um das Seelenheil seiner Dorfgenossen. Hier leben die Eskimo noch in Gruppen nach eigenen Regeln und Tabus, ohne Steuer- und Verwaltungsapparat. Noch immer wird mit Harpune und Kajak gejagt und man spricht eine eigene Sprache.

Erst 1884, während seiner »Frauenbootexpedition« entdeckt der Däne Gustav Holm die Eskimo im Gebiet von Ammassalik. Die Akkulturation kann auch hier beginnen. Im Jahre 1894 wird eine Handelsstation gegründet und die gesamte SO-Küste untersteht der dänischen Regierung.

Hunger nach dem Unbekannten

Ab der Mitte des 18. Jahrhunderts übte der Nordpol und Grönland eine besondere Anziehungskraft auf Abenteurer und Wissenschaftler aus aller Welt aus. Der Mensch hat von Natur aus einen Drang nach Erforschung. Er will seine Welt und das Universum kennen und seine Geheimnisse entschlüsseln. Besonders der Nordpol war zu dieser Zeit noch ein großer, unbekannter weißer Fleck auf der Weltkarte. Viele Expeditionen versuchten diesen zu erreichen. Engländer, Norweger, Österreicher, Italiener und Amerikaner wetteiferten um den Ruhm, als erster den Nordpol zu erreichen. Der menschliche Geist will die letzten Geheimnisse des Erdballs lüften. Aber auch Grönland lockte viele Entdecker an. Der Norden, die Ostküste, das ganze Inland waren für die Wissenschaft geologisch, geografisch und ethnologisch noch völlig unbekannt. Verschiedene Nationen führten Expeditionen auf der riesigen Insel durch. Die Karte von Grönland beweist es: Nansen Land, Peary Land, der Knud-Rasmussen-Gletscher, Scoresby Sund, Mylius Erichsons Land, der Champs-Elysées-Gletscher, der Paris-Gletscher, Kronprinz-Frederik-Berge u. v. m. Selbst die eisigste und unfreundlichste Arktiswelt konnte die meisten Entdecker nicht abschrecken. Welche Motive auch immer, auf irgend eine Art und Weise diente jede dieser Reisen einem wissenschaftlichen Zweck. Trotzdem, die Erforschungen der nördlichen Halbkugel forderte ihren Preis. Viele Entdecker erlebten die Hölle, kämpften verbissen gegen Hunger, Kälte und Sturm. Erfolg und Ruhm mußten mit Menschenleben bezahlt werden, nicht nur wegen der unzureichenden Mittel und der oft schlechten Ausrüstung. Das Gelingen einer Expedition war oft der Begleitung von einigen Eskimos zu verdanken. Mit ihrem sehr gut entwickelten Sinn für Orientierung, ihrem Geschick, ein Hundegespann zu führen, und mit ihrer Kenntnis über das Land, waren sie unverzichtbare Partner. In der größten Not erwiesen sie sich als Überlebenskünstler, als Helfer in der Not. Ihre Treue und ihr Einsatz wird aber meistens als selbstverständlich angesehen, und in vielen Tagebüchern von Expeditionsleitern werden sie nur als »treue Diener« beschrieben.

Das 19. Jahrhundert zieht wieder europäische Walfänger auf Jagd in grönländische Gewässer. Obwohl diese Fahrten zum größten Teil wegen des Handels unternommen worden sind, trägt die Waljagd einen großen Verdienst an der Erforschung dieses riesigen, unbekannten Landes im Nord-Atlantik. Zu erwähnen sind dabei die Arbeit des Deutschen *Carl Ludwig Giesecke* (1806), der seine Forschungen der Mineralogie von Grönland widmete, oder die Aufzeichnungen des dänischen Botanikers *Morten Mormstjolf* (1812-1813), sowie die zwei englischen Walfangkapitäne Vater und Sohn *Scoresby*. Bereits 1822-23 beschreibt William Scoresby (jun.) mit wissenschaftlicher Genauigkeit Landschaften, Flora und Fauna, eines 1 600 Kilometer langen Teiles der Ostküste Grönlands. Sein Werk ist lange Zeit das bedeutendste auf diesem Gebiet.

In Dänemark wird 1876 das »Dänische Komitee für die geografische und geologische Entdeckung von Grönland« errichtet. Mehr als 100 Expeditionen werden unter der Schirmherrschaft dieser Organisation durchgeführt. Das Interesse hierbei gilt den schwer zugänglichen Gebieten im Osten und Norden der Insel. In diesem Zusammenhang unternimmt *Gustav Holm* 1884 seine »Frauenbootexpedition«. Er betritt als erster das Gebiet von Ammassalik und macht dabei bei seinen Bewohnern wichtige Beobachtungen.

Die Idee, Grönland von West nach Ost oder umgekehrt zu durchqueren, ist für viele Entdecker faszinierend. Am 18. Juli 1888 setzt das Schiff »Jason« den Norweger *Fridtjof Nansen* und weitere fünf Personen im dichten Packeis gegenüber dem Sermilikfjord an der Ostküste ab. Von hier aus will Nansen Christanshab, das heutige Qasigianguit, an der Westküste erreichen. Vier Wochen lang trieb die »Jason« vergeblich an der Ostküste entlang, auf der Suche nach einem Durchlaß durch das Eis, um an der Küste anzulegen. Ein vierzig Meilen breiter Packeisgürtel drohte das Schiff zu zerdrücken. Schließlich versuchten Nansen und seine Gefährten mit zwei Ruderbooten durch das Packeis den Fjord zu erreichen. Als aber auch den Ruderbooten Gefahr drohte, zusammen-

Fridtjof Nansen

gepreßt zu werden, retteten sich die Männer samt den Booten auf eine riesige Eisscholle. Ein Sturm trieb sie mit dem Eis fünfhundert Kilometer südwärts. Am 10. Tag, nachdem sie das Mutterschiff, die »Jason«, verlassen hatten, konnten sie nach einer abenteuerlichen Fahrt, endlich im Umivikfjord an Land gehen. Von hier aus erreichten sie über eine zerklüftete Küste und gefährliche Gletscher am 14. September 1888 das Inlandplateau, das auf einer Höhe von 2716 Meter liegt. Jetzt erst begann die monotone Durchquerung des unendlichen Eisplateaus. Da sie nicht so schnell vorwärts kamen als sie dachten, beschloß Nansen nach Godthab (Nuuk) zu ziehen. Ski und Schlitten erwiesen sich bei dieser Reise als ein hervorragendes Fortbewegungsmittel. Der »Nansenschlitten« wurde von den folgenden Expeditionen übernommen.

Mit dieser Durchquerung war auch der Wissenschaft gedient. Nansen bewies, daß das gesamte Inland nirgends eisfrei ist, und sich von Küste zu Küste ein riesiger durchgehender Gletscher erstreckt. Er vermutete, daß das Eis durchschnittlich 2000 Meter stark und mit Schneelagen verschiedener Dicke bedeckt ist. Nansen und seine Gruppe führten weiters metereologische Messungen durch und machten verschiedene interessante Eisbeobachtungen. Im Inlandeis messen sie Temperaturen zwischen -45 Grad und -20 Grad Celsius. Nach drei Monaten erreichten sie Ende Oktober den Ameralikfjord an der Westküste.

Dies sollte aber nicht die letzte Expedition von Nansen sein. Es drängte ihn, die Natur zu erforschen und Abenteuer zu erleben, immer wieder in den Norden. Auch er setzt sich zum Ziel, den Nordpol zu erforschen. Das Schiff ist klein, kurz und breit und speziell gegen Eispressungen konstruiert. Die Einrichtung ist für einen möglichst langen Aufenthalt im Eis vorgesehen. Selbst für eine kleine Bibliothek ist gesorgt. Die ganze Expedition wird gründlich vorbereitet. Wissenschaftliche Geräte, Werkzeug aller Art, ein großer Vorrat an Verpflegung für ein langes Unternehmen, Schlitten, sibirische Schlittenhunde, Ski, Waffen, kurzum einfach alles, was man für eine Fahrt solcher Art braucht. Auch die Mannschaft wird sorgfältig zusammengestellt und ausgesucht.

Am 21. Juli 1893 verläßt die »Fram« Norwegen. Drei Monate später steckt das Schiff nördlich der Neusibirischen Inseln im Eis fest. Nansens Idee war es, Schiff und Mannschaft einfrieren zu lassen, um mit der Eisdrift, den Nordpol zu erreichen. Während der Drift mußte er aber erkennen, daß er so sein Ziel nie erreichen würde. Am 14. März 1895 verließ er daher zusammen mit *Hjalmar Johansen* die »Fram«. Sie nahmen Hunde, Schlitten und Kajaks mit, um mit deren Hilfe den Nordpol zu erreichen. Eine Rückkehr zur »Fram« konnte es nicht geben, denn das Schiff driftete mit dem Eis. Die zwei Männer besaßen einen eisernen Willen, ihr Ziel zu erreichen. Nachdem sie sich durch ein Labyrinth von Eisschollen durchgekämpft hatten, mußten sie schließlich feststellen, daß auch auf diese Weise der Pol nie zu erreichen war. Nansen und Johansen waren zu diesem Zeitpunkt noch 380 km vom Ziel entfernt. Am Eisrand töteten sie ihre Hunde und ließen die Schlitten zurück. Halb verhungert und am Ende ihrer Kräfte, erreichten sie mit den Kajaks das Franz-Josef-Land. Hier bauten sie sich eine Hütte und lebten von Walroß- und Eisbärfleisch. Als sie am 15. Juni 1896 beabsichtigten, das Franz-Josef-Land zu verlassen, um mit ihren Kajaks Spitzbergen zu erreichen, hörten sie plötzlich das Geheul von Hunden. Sie trauten kaum ihren Augen. Wie durch ein Wunder stand plötzlich *Frederik Jackson*, der Leiter der englischen Polarexpedition, vor ihnen. Er nahm die zwei an Bord seines Schiffes und brachte sie nach Norwegen zurück.

Eine Woche später kam auch die »Fram« zurück. Dieses Schiff war bis in den Norden von Spitzbergen im Eis mitgedriftet. Der Mannschaft gelang es dann endlich, das Schiff mit Dynamit aus dem Eis frei zu sprengen.

Nansens Expedition erbrachte viele wissenschaftliche Ergebnisse über Strömungen, Eisformationen, Temperaturen, Salzgehalt des Wassers und das Leben tief im Inneren des nördlichen Eismeeres. Die Drift der »Fram« hatte bewiesen, daß eine Ost-West-Strömung besteht, und daß es nördlich von Spitzbergen, dem Franz-Josef-Land, den Nordland- und Neusibirischen Inseln kein Land mehr gibt.

Am Grab von Roald Amundsen sprach Fridtjof Nansen folgende Worte:

»Hast du das große Schweigen erlebt,
hast du gewagt, das Unbekannte aufzusuchen,
unbekannte Wege begangen,
die weißen Flecken der Karte gekreuzt,
hast du entbehrt, gedürstet, gesiegt,
bist du aufgegangen in der Größe des Alls?
Hast du Gott in seiner unendlichen Größe gesehen,
den Text gehört, den die Natur dir predigt?
Dann lausche auf die Weite, sie ruft dich zurück!«

1909 erreichte der Amerikaner *Peary* in Begleitung eines Eskimos den Nordpol. In seinem Triumph mußte er feststellen, daß der nördlichste Punkt unserer Erde nur aus treibenden Eisschollen besteht.

Nach dem ersten Weltkrieg verläßt Nansen die Eiswelt Grönlands und des Nordpols. Er wendet sich nun den Gefangenenlagern in Rußland und Armenien zu, widmet sich humanitären Aufgaben. Nansen organisiert mit Erfolg Hilfsaktionen für deutsche und österreichische Kriegsgefangene. Auf sein Betreiben hin bekommen staatenlose, politische Flüchtlinge den sogenannten »Nansen-Paß«, der ihnen wieder einen völkerrechtlichen Status gibt. 1922 bekommt Nansen den Friedensnobelpreis. Er stirbt 1930 im 69. Lebensjahr und geht in die Geschichte als mutiger Entdecker ein, der sich selbstlos der Polarforschung widmete, und als Menschenfreund, der wußte, daß »nur der atmen kann, der frei ist«.

Einer der größten Grönländer, war zweifellos der Däne *Knud Rasmussen*. Er war ein Halbblut-Eskimo und fühlte sich mehr als Grönländer denn als Däne. Rasmussen wurde 1879 im grönländischen Jakobshavn, dem heutigen Ilulisat, geboren und verbrachte seine Kindheit und Jugendjahre bei den Eskimos. Sein Vater war Däne und mehr als 25 Jahre lang Missionar in Grönland, seine Großmutter war eine Eskimofrau. Mit zehn Jahren konnte der kleine Knud wie jeder andere Eskimojunge einen Hundeschlitten führen, und er hörte gespannt den Geschichten der Eskimojäger zu, die sie nach ihren langen Jagdreisen zu erzählen wußten. Grönland fesselte ihn. Seine Liebe für das Land und dessen Menschen, mit denen er aufwuchs, sein europäischer Drang nach Wissen, machten aus Rasmussen einen besessenen Forscher für Kultur, Sprache, Mythologie und Lebenstradition der Eskimos in der gesamten arktischen Welt. Er zeichnete unermüdlich ihre Sagen, Erzählungen und Lieder auf, untersuchte und durchforschte ihre vielen Tabus. Die Tatsache, daß Rasmussen fließend Dänisch und Eskimo sprach, machte ihm seine archäologische Arbeit wesentlich leichter. Er war kein oberflächlicher Entdeckungsreisender. Er kannte das Land und seine Menschen. Überall wo er hinkam, behandelten ihn die Eskimos als einen der ihren. Er beherrschte ihre Sprache, verstand sie und sah ihnen ähnlich. Dabei besaß Rasmussen die Gabe, alles getreu in das Dänische zu übersetzen, was seinem ethnografischen Werk großen Wert gibt.

Kurz nach der Jahrhundertwende besuchte Rasmussen die Polareskimos im NW von Grönland. Zwei Jahre lebte er mit ihnen zusammen. 1910 errichtete er in ihrem Gebiet die »Cape York Station Thule«, wo die Eskimos ihre Felle gegen Gewehre, Munition und andere importierte Waren eintauschen konnten. Rasmussen gab der Station den Namen »Thule« nach dem Vorbild der alten Griechen, die das legendäre Land am äußersten Rand der bewohnbaren Erde so nannten. Er gründete die erste Schule, und ein Arzt sorgte dafür, daß die Bewohner die notwendigste ärztliche Versorgung erhielten. Thule wird später auch zum Ausgangspunkt von fünf weltberühmtenn Thule-Expeditionen, die Rasmussen mit seinem Freund *Peter Freuchen* von 1912 bis 1933 durch die gesamte Arktis unternahm: Die ersten vier Reisen wurden von der dänischen Regierung finanziert. Auf der literarischen Expedition, die vierte Thule-Expedition, kam Rasmussen auch in das Gebiet von Ammassalik, wo er Lieder, Erzählungen und Sagen aus diesem Gebiet sammelte und aufzeichnete. Die fünfte Thule-Expedition nannte Rasmussen »die lange Schlittenreise«. Sie sollte als die interessanteste Expedition in die Entdeckungsgeschichte der Arktis eingehen. Von Thule aus erreichten Rasmussen mit noch fünf anderen Teilnehmern per Schiff die Hudsonbai. Während die Archäologen *Kai Birket Smith* und *Therkel Mathiassen* in Zentral-Kanada blieben, und hier nach dem Ursprung der Eskimokultur forschten, reiste Rasmussen und zwei Eskimos mit Hundeschlitten weiter, bis zur Beringstraße in Alaska. Auf der 6 400 km langen Schlittenreise sammelte er Sagen und schrieb Gewohnheiten und Traditionen der verschiedenen Eskimogruppen auf. Dieses Wissen verarbeitete er in mehrere Bücher. Für das National-Museum in Kopenhagen sammelte er ca. 15 000 Kulturgegenstände der Eskimos.

In seinen letzten Lebensjahren produzierte Rasmussen im Gebiet von Ammassalik den Spielfilm »Palos Brudefaerd«. Der Streifen handelt vom Streit zweier Eskimos um die Gunst der schönen Navarana,

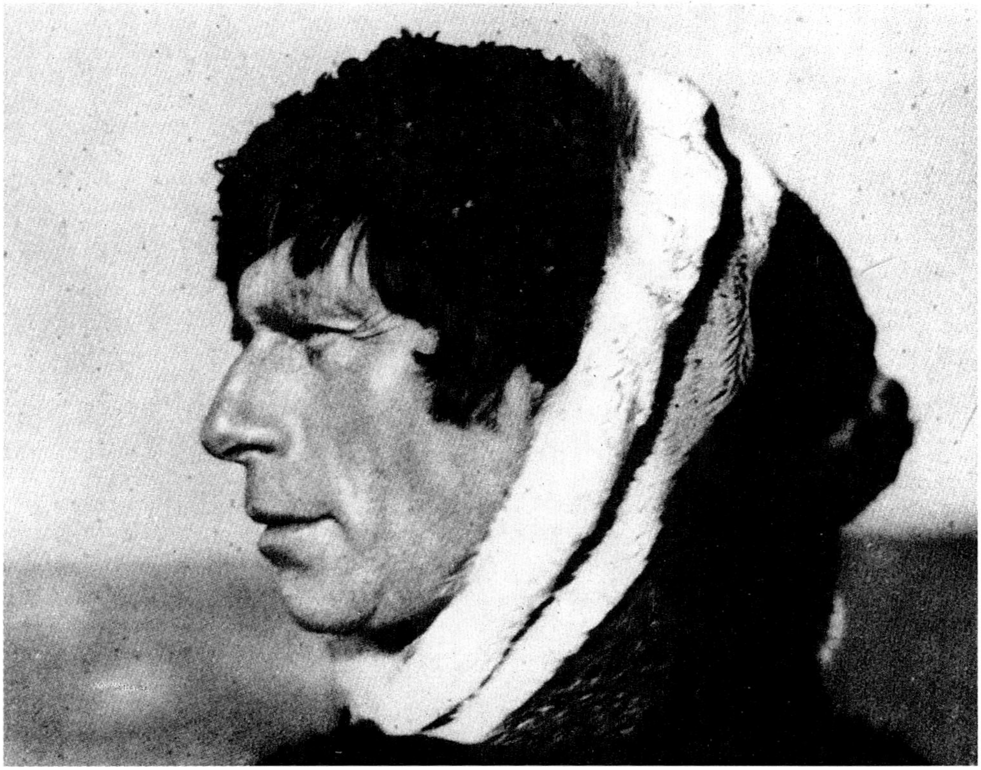

Knud Rasmussen

schildert ein interessantes Bild der Lebensweise, der Bräuche, Jagdmethoden und Traditionen der Eskimos in diesem Gebiet.

Nach einem Leben voll Tatendrang und Abenteuer stirbt er an einer Vergiftung, die er sich durch verdorbenes Fleisch bei einem Festessen mit den Eskimos zugezogen hat. Lange Zeit liegt er in einem Krankenhaus in Kopenhagen. Als er sich für kurze Zeit auf dem Weg der Besserung befindet, träumt er sofort wieder von einer Reise zu seinen Eskimos. In den ersten Tagen des Dezembers 1933 verschlechtert sich aber sein Zustand merklich, und am 21. Dezember dieses Jahres stirbt Rasmussen nach einem langen Todeskampf.

Seine gründliche Forschungsarbeit läßt eine tiefe Liebe zum Eskimovolk erkennen, und hebt ihn damit hoch über alle anderen Entdekker. Heute sind die Eskimos ethnologisch das meist bekannte Volk unter den Naturvölkern der Erde. Dies haben wir zu einem großen Teil dem Forscher und Menschen Knud Rasmussen zu verdanken.

Die Verlockungen des Eises

Anfang des 20. Jahrhunderts gab es neben Nansen und Rasmussen noch einen weiteren großen Grönlandforscher. Den Österreicher *Dr. Alfred Wegener,* Professor für Geophysik und Metereologie an der Universität Graz. Die Notgemeinschaft der deutschen Wissenschaft bat ihn, eine kleine Sommerexpedition in Grönland anzutreten, um Eisdikkemessungen vorzunehmen. Wegeners Lebenswerk galt vor allem den Thermodynamischen Zusammenhängen in der Atmosphäre, dem Klima der Frühzeit und den Kontinentalverschiebungen. Seit 1906 nahm er an verschiedenen Expeditionen in Grönland teil. Unter der Leitung von *Lauge Koch* durchquerte er 1913 das Eisplateau von Ost nach West. Er widmete sich dabei dem Studium der Indlandseismasse. Wegener wollte sicher zurück nach Grönland, aber nicht für eine Sommerexpedition. Er hatte viel gewagtere Pläne. Das Klima über dem eisigen Inland war bislang nur im Sommer studiert worden. Er wollte daher in einem Gebiet Grönlands, das bisher noch von niemandem betreten wurde, drei Beobachtungsstationen errichten. Eine an der West-, eine an der Ostküste und eine in Eismitte. Hierfür wählte er den 71. Breitengrad aus. Die wichtigste Station sollte die in Eismitte sein. Sie mußte dort errichtet werden, wo sich die kalten Luftmassen aufbauten und mindestens 200 km landeinwärts liegen. Ein ganzes Jahr lang sollten an den drei Stationen meteorologische und aerologische Beobachtungen und Messungen vorgenommen werden. Um den Zustand des Eises studieren zu können, plante Wegener am Ost- und Westrand, sowie in Eismitte tiefe Schächte zu bohren, so daß die Temperaturen, die Struktur und die Zusammensetzung des Eises an verschiedenen Punkten untersucht werden konnten. An den Rändern wurden zudem die Gletscherbewegungen gemessen. Wegener wollte mit seinen Forschungen der Frage nachgehen, ob in unserer Zeit die Eismassen von Grönland abschmelzen oder nicht.

Es waren große Pläne, die Alfred Wegener ausführen wollte. Die Realisierung kostete viel Vorbereitung, Zeit und Kraft. Sorgfältig wurden die wissenschaftlichen Geräte zusammengestellt, Verpflegung für Mensch und Tiere, Heiz- und Beleuchtungsmaterial, Werkzeuge, Winterhäuser, Kleidung… Alles wurde gründlich durchdacht. Sehr wichtig war für Wegener die Auswahl des Expeditionsteams. Er benötigte für die vielen Experimente an den drei Stationen eine Truppe von 22 Wissenschaftlern, Spezialisten und Technikern: Metereologen, Glaziologen, Monteure, Sprengmeister und einen Arzt. Bei der Auswahl der Leute kam es Wegener nicht nur darauf an, daß alle erstklassige Fachleute waren, sondern jeder mußte dazu noch Unternehmungsgeist, Durchhaltevermögen und eine starke physische und psychische Kraft mitbringen. Wer die Polargebiete bereist, muß bereit sein, körperliche Arbeit zu verrichten, Entbehrungen, Kälte und Hunger zu vertragen und darüber hinaus damit rechnen, vielleicht auch sein Leben zu verlieren.

April 1930. Endlich kann die Expedition beginnen. Jeder ist voller Erwartung. Im Umanak-Fjord wird mit viel Anstrengung in 950 m Höhe am Rand des Kangerdluarsukgletschers die Weststation errichtet. Eine schwere körperliche Anstrengung. Trotz der kräftigen Islandpferde, die schwerste Lasten transportieren, müssen die Expeditionsteilnehmer Tonnen von Material über Eis und Moränen von der Küste hinauf zum Winterhaus schleppen. Die Forschungsstation Ost wird in Scoresby Sund unter der Leitung von *Dr. Walter Kopp* errichtet, die Station »Eismitte« 395 km landeinwärts inmitten der Eiswüste Grönlands. Zwischen dem 20. Juni und 5. Oktober werden zehn Tonnen Material zur »Eismitte« geschleppt. Die Islandpferde können wegen zu hoher Schneelage nicht eingesetzt werden. Daher plant Wegener, die Ausrüstung mit Propellerschlitten zu transportieren. Aber auch sie bleiben

1880–1930 († in Grönland)

← →
Die Station »Eismitte« wurde 395 km landeinwärts, inmitten der Eiswüste Grönlands errichtet. Wegener beschloß, die Ausrüstung mit Propellerschlitten dorthin zu transportieren. Die mit einem Siemens Flugmotor, 112 PS, und einer Druckschraube ausgestatteten Schlitten, gebaut von der Finnischen Staatlichen Flugzeugfabrik in Helsingfors, leisteten bei der Durchführung der wissenschaftlichen Arbeiten wertvolle Dienste, wenngleich sie immer wieder durch verschiedenste Mängel ausfielen.

schon nach 200 km im Schnee stecken, so daß der Weitertransport nun mittels Hundeschlitten erfolgte. Die Ausrüstung und Geräte werden verkleinert, es wird ausgepackt und umgepackt. Nur mühsam geht die Arbeit vor sich.

Am 20. September 1930 verlassen Wegener und *Fritz Loewe* mit noch zwölf Grönländern die Weststation, um vor Wintereinbruch eine letzte Schlittenreise nach »Eismitte« anzutreten. Wegener selbst will Ende Oktober wieder zurück sein. Die Wetterumstände sind aber während der Reise so schlecht, daß sich die grönländischen Begleiter nach acht Tagen weigern, weiter mitzugehen. Wegener, Loewe und der Grönländer Rasmus setzen die Reise allein fort. Die Temperatur fällt auf -40 Grad Celsius, und der Wind weht aus Osten, der den Männern ununterbrochen Schnee ins Gesicht schlägt. Mühsam kämpfen sie sich vorwärts. Das letzte Stück zu ihrem Ziel legen sie bei -50 Grad Celsius zu-

rück. Unmenschliche Strapazen. Der Atem gefriert unmittelbar zu Eiskristallen, selbst im Zelt. Der Spirituskocher kann keine Wärme mehr erzeugen. Die Hunde versuchen während der Nacht in das Zelt zu kommen. Sogar für diese harten und kältegewohnten Tiere wird die tiefe Kälte unerträglich. Jeden Morgen geht der Aufbruch langsamer voran. Die Männer müssen sich buchstäblich aus den Schlafsäcken zwingen, zurück in die eisige Kälte. Jetzt weigern sich auch die Hunde gegen den eisigen Ostwind zu laufen. Loewe hat Erfrierungen an den Zehen. Endlich am 30. Oktober erreichen sie die Forschungsstation »Eismitte«. Es ist nebelig bei -52 Grad Celsius. *Ernst Sorge* und *Johannes Georgi*, die sich schon in »Eismitte« befinden und dort überwintern wollen, begrüßen erfreut die Ankömmlinge. Obwohl es in der unterirdischen Schneehöhle nicht wärmer als -5 Grad Celsius ist, genießen die Männer die »Wärme« und Geselligkeit. Loewe bleibt bei Sorge und Georgi. Am 1. November 1930 feiern die fünf Männer zusammen Wegeners 50. Geburtstag. Am nächsten Tag treten er und Rasmus die Reise zur Weststation an.

In der Weststation wartet man Ende Oktober und den ganzen November ohne Nachricht noch mit Spannung auf Wegeners Rückkehr. Verzweiflung und Sorge bedrücken die Männer. Sind Wegener, Loewe und Rasmus überhaupt in »Eismitte« angekommen? Überwintern sie vielleicht dort? Alles offene Fragen. Die wissenschaftliche Arbeit geht aber weiter. Unter dem Winterhaus werden Schächte ausgegraben, um das Eis in verschiedenen Tiefen zu untersuchen. Kein Sturm, kein Schneefall, kann die Männer abhalten, rund um die Station die verschiedenen Meßgeräte abzulesen. Auch die seismografischen Arbeiten gehen weiter. Damit erhofft man sich Informationen über den 700 Meter dicken Gletscher, auf dem die Weststation steht. Anfangs ist jeder voller Begeisterung bei der Arbeit. Aber während der langen Winterzeit, in der völlige Finsternis herrscht, breitet sich Niedergeschlagenheit aus. Bei Temperaturen von -40 Grad Celsius will niemand das Haus lüften. Die stickige Luft in den Räumen verursacht Kopfschmerzen und Übelkeit.

Irgendwann im Februar steht plötzlich die lang ersehnte Sonne wieder am Himmel. Die Männer sind ausgelassen und glücklich. Niemand hält es jetzt noch im Haus, keine Arbeit fällt mehr schwer. Am 7. Mai steht für die Wissenschaftler der Weststation fest, daß Wegener und Rasmus umgekommen sein müssen. Sofort werden Suchaktionen gestartet, und schließlich wird Alfred Wegener 189 km von der Westküste entfernt tot aufgefunden. Er liegt in seinem Zelt. Sein Körper zeigt keine Erfrierungen, wahrscheinlich ist er nach den enormen körperlichen Anstrengungen an Herzversagen gestorben. Sein Tagebuch, die Pfeife mit Tabak und seine Fellhandschuhe, hat Rasmus mitgenommen, den kurz darauf dasselbe Schicksal ereilt. Die Leitung der Expedition übernimmt der Bruder von Wegener, *Kurt*.

In der Mitte Grönlands, inmitten der weißen Einsamkeit, wo unmenschliche Temperaturen und Stürme herrschen, ist Alfred Wegeners Grab. Hier ruht er für ewig in seiner Welt.

Brief Alfred Wegeners von seiner letzten Fahrt zur Station »Eismitte« an den Expeditionskameraden Karl Weiken:

km 62, den 28. Sept. 1930.

Lieber Weiken!

Meine Befürchtung ist eingetroffen. Nicht nur sind die Propellerschlitten nicht weiter gekommen als bis 200, auch unsere Schlittenreise ist durch die Ungunst des Wetters zusammengebrochen. Von den zwölf Grönländern, die nach Oles Fortgang noch blieben, fahren heute acht nach Hause. Es hat große Mühe gekostet, die anderen vier bei uns zu halten. Und ob es gelingt, mit ihnen bis 400 zu kommen, muß sich noch zeigen. Wir haben heute früh −28,2°, Schneefegen und Gegenwind, eine liebliche Witterung. Nehmen Sie den Rückkehrern bitte alles ab. Die Leute bekommen wie bisher 4 Kronen pro Reisetag. Den Weitergehenden habe ich 6 Kronen pro Reisetag versprochen. Wir versuchen, jetzt das fehlende Petroleum nach 400 einzubringen, sonst nur Kleinigkeiten. Ob Sorge und Georgi dann dort bleiben oder mit uns herausfahren, muß sich noch zeigen. Wenn es geht, möchte ich ja die Station den Winter über halten, aber auch nur dann! Das Haus können wir nicht hineinbringen, aber darauf wollten sie ja verzichten. Das Ganze ist eine schwere Katastrophe, und es nutzt nichts, es sich zu verheimlichen. Es geht jetzt ums Leben. Ich will Sie nicht bitten, etwas für die Sicherung unserer Rückreise zu tun. An Depots ist ja auch kein Mangel. Die einzige Hilfe, die Sie bieten könnten, wäre psychologischer Art, wenn wir einer ausfahrenden Abteilung begegneten. Aber das wäre im Oktober wieder mit beträchtlichem Risiko für diese Entsatzabteilung verbunden. Sorges Plan, am 20. Oktober mit Handschlitten abzumarschieren, halte ich für undurchführbar. Sie würden nicht durchkommen, sondern unterwegs erfrieren. – Wir werden tun, was wir können, und brauchen ja die Hoffnung noch nicht aufzugeben, daß es gut geht. Aber mit den guten Reisebedingungen dürfte es jetzt endgültig vorbei sein. Schon die Reise hierher war sehr hart, und was uns bevorsteht, ist jedenfalls keine Vergnügungsfahrt. Mit den besten Grüßen an alle und auf gesundes und mit den Erfolgen zufriedenes Wiedersehen!

Ihr Alfred Wegener

Wegener wollte ursprünglich noch vor Ende Oktober 1930 wieder in der Weststation zurück sein. In seinem letzten Schreiben vom 6. Oktober teilte er jedoch mit, daß sich die Rückkehr voraussichtlich bis Anfang Dezember verzögern würde und bat Weiken, ihm bis km 62 entgegenzukommen, um dort auf ihn zu warten. Dieses Warten bis zum 7. Dezember war jedoch umsonst. Wegener und der ihn am Rückweg begleitende Rasmus Villumsen kamen nie mehr an. Eine Suchexpedition fand im darauffolgenden Jahr, am 12. Mai, den Leichnam Wegeners bei km 189,5. Von Rasmus verlor sich jede Spur.

In der Mitte Grönlands, umgeben von weißer Einsamkeit, ist Alfred Wegeners letzte Ruhestätte.

Streben nach Autonomie

Das ewige Eis, das Abenteuer lockt... Obwohl bewiesen ist, daß das Inland von Grönland ausschließlich von Eis bedeckt ist, versuchen immer wieder sogenannte Entdecker, sich mit ihm zu messen. *Wolfgang von Grunau* will Grönland aus der Luft entdecken: er überquert als erster die riesige Insel mit dem Flugzeug.

Zu Beginn des 20. Jahrhunderts erfährt das Klima von Grönland eine leichte Erwärmung. Für die Bewohner der SW-Küste bedeutete dies eine totale Veränderung ihres Lebens. Ein minimaler Wechsel der Lufttemperatur oder des Wassers, für den Menschen kaum wahrnehmbar, hat für die Fauna des Ozeans drastische Auswirkungen. Der Seehund, seit jeher die Existenzgrundlage der Eskimos, flüchtete nordwärts in kältere Gebiete. Früher wäre das kein Problem gewesen. Als Nomaden wären die Eskimos ganz einfach dem Wild gefolgt und ihre Jagd- und Wohngebiete verlegt. Eine derartige totale Migration ist aber nun nicht mehr möglich. Die Bevölkerung nimmt sehr rasch zu, und ist inzwischen auf Importwaren aus Europa angewiesen. Die Eskimos sind seßhaft geworden. Als Folge der leichten Erwärmung des Meerwassers erscheinen um 1920 große Schwärme von Dorsch in der Davisstraße. Der Fischfang bietet sich als neue Ernährungsquelle an. Das jahrhundertalte Jägervolk sieht sich genötigt, seine traditionellen Lebensgewohnheiten zu verlassen und Fischer zu werden. Inzwischen liegt die Führung und die Verwaltung der grönländischen Dörfer und Städte noch immer vollständig in den Händen der KGH. Die Gemeindeparlamente bestehen mehrheitlich aus Dänen. Durch die Initiative von *Knud Rasmussen, Harald Moltken, Mylius-Erichsen* und *Jørgen Brønlund,* alles Mitglieder der »Literarischen Expedition«, die voll hinter der Sache der Grönländer stehen, formiert sich in Dänemark eine Opposition gegen die Machtfülle der KGH in der fernen Kolonie. Ihre Aktionen haben Erfolg. Bereits 1908 werden die Verwaltung und der Unterricht reformiert. Von nun an können junge Grönländer im Mutterland höhere Schulen besuchen und sich spezialisieren. In Grönland selbst wird die Demokratie eingeführt: Jeder in Grönland Geborene erhält das Wahlrecht, zudem kann sich jeder als Kandidat für den Gemeinderat aufstellen lassen. Langsam wächst das Nationalbewußtsein in der grönländischen Bevölkerung. Die totale Abhängigkeit von Dänemark wird nicht mehr als Schutz angesehen. Der Grönländer fühlt sich unterdrückt, benachteiligt, und sein Verlangen nach Autonomie wird größer.

Als aber in Europa der Zweite Weltkrieg ausbricht und deutsche Truppen Dänemark besetzen, droht Grönland in Vergessenheit zu geraten. Nun zeigen plötzlich die U.S.A. und Kanada Interesse für ihren nördlichen Nachbarn. Sie kaufen Fisch und Cryolith bei den Grönländern. Cryolith wird zur Produktion von Aluminium benötigt. Der Export davon ist in dieser Zeit die wichtigste Einnahmequelle der Grönländer. In Godthab (Nuuk), das mittlerweile Hauptstadt geworden war, errichten die U.S.A. und Kanada ihre Konsulate. Die U.S.A. übernehmen die Verantwortung für das von Dänemark und Europa isolierte Grönland. Dafür erhält das US-Militär das Recht die Insel für sich zu nutzen. Nach dem Abschluß eines Verteidigungspaktes werden in Søndre Strømfjord und in Narsarsuaq die ersten Marine- und Luftstützpunkte angelegt, andere werden folgen.

1943 stationiert die Deutsche Wehrmacht eine Gruppe Beobachter an der Ostküste. Die Amerikaner errichten daraufhin im Ikateqfjord eine Luftbasis. Trotzdem wird Grönland glücklicherweise nicht direkt vom Krieg betroffen. Heute, 41 Jahre nach Ende des Zweiten Weltkrieges, liegen im Ikateqfjord noch verrostete Tonnen, Jeeps und eingefallene Baracken als Zeugen der Vergangenheit.

Durch die protektionistische Politik der Dänen hatten die Grönländer bis jetzt wenig Kontakt mit der westlichen Welt. Die Bevölkerung an der SW-Küste hat sich zwar seit Jahrhunderten mit den Europäern vermischt, trotzdem konnten die Eskimos größtenteils ihre eigene Kultur und Lebensweise erhalten. In den fünfziger Jahren überspülte eine wahre Flut westlicher Zivilisation Grönland. Durch die dänische Regierung wird nun ein Entwicklungs- und Investitionsplan auf lange Sicht

→

Eingefrorene Fischerboote im Hafen von Ammassalik. Die Polarnacht und das zugefrorene Eismeer legen von November bis April die Schiffahrt und damit auch den Fischfang völlig lahm.

→

Kap Dan auf der Insel Kulusuk. Das Dorf hat schon eine zentrale Wasserstation und bessere technische Mittel als Sermiligâq. Trotzdem sind auch hier die Bewohner stark in ihrer Existenz bedroht.

←
Die rauhe Natur der Arktis bestimmt noch immer den Lebensrhythmus seiner Bewohner.
Es wird Frühling in Ammassalik: langsam taut der Schnee auf dem Dach, Wäsche und Felle können endlich wieder im Freien trocknen.

←
Ammassalik ist heute unter anderem auch das Versorgungszentrum für die ganze Ostküste Grönlands.

→
Die Schule von Ammassalik. Die Lehrer in den grönländischen Schulen sind vielfach noch Dänen. Der dänischen Hilfe ist es jedoch zu verdanken, daß die Eskimos schreiben und lesen lernten und sich allmählich ein eigenes Schulsystem bilden konnte.

erstellt. Der Vorrat an Cryolith ist beschränkt, so daß es notwendig wird, die Fischindustrie auszubauen, die in Zukunft Grönlands wichtigster Wirtschaftszweig werden wird. Man will auch das Monopol der KGH einschränken, und private Unternehmer anlocken. Das Gesicht von Grönlands SW-Küste verändert sich im Eiltempo. Es werden Häfen und Straßen angelegt, Wohnungen gebaut, eine Fischereiflotte und moderne Fischfabriken errichtet. Den grönländischen Fischern werden günstige Kredite eingeräumt, damit sie sich Boote und Fischereigeräte anschaffen können. Dorsch bildet den überwiegenden Teil am Fang. Mehr und mehr Grönländer werden Industriearbeiter. Sie arbeiten gegen Festlohn in Fischfabriken und auf Baustellen. Den Kampf mit den Naturelementen kennen sie nicht mehr. Fünfstöckige Hochhäuser sind ihre neuen Iglus. Mehr und mehr dänische Fachleute kommen ins Land, um die Grönländer zu unterweisen. Die Dänen genießen dafür viele Vorteile. Wer sich für drei Jahre nach Grönland verpflichtet, wird von der Steuer befreit. Dazu gibt es höheren Lohn für die gleiche Arbeit, die auch die Grönländer erbringen. Bestimmte Berufe werden den Einheimischen regelrecht vorenthalten. Diese Privilegien erhöhen die soziale und politische Spannung. Aus Europa werden immer mehr Konsumgüter importiert. Ohne Rücksicht zwingen Technik und Kommunikationsmittel das Land in das zwanzigste Jahrhundert. Der Luftverkehr nach und in Grönland entwickelt sich, das Land wurde an das dänische Telefonnetz angeschlossen und Radio Grönland nimmt seine Arbeit auf. Das Land kennt sich innerhalb kürzester Zeit nicht mehr. Für die Grönländer an der Westküste bedeuten die neuen Lebensgewohnheiten, eine derart abrupte Umstellung, daß sie eine schwere Identitätskrise durchmachen. Sie leben zwischen zwei Welten, fühlen sich weder in der einen noch in der anderen so richtig zu Hause. Mit gemischten Gefühlen sehen sie ihre eigene Kultur, ihr eigenes »Ich« zugrunde gehen. Niedergeschlagenheit und Hoffnungslosigkeit breiten sich aus.

Seit 1968 verschlechterte sich wieder das Klima an der Westküste. Der Dorsch zieht sich aus der Davisstraße zurück. Der Fischfang wird außerdem durch das ungewöhnlich viele Packeis schwer behindert.

←
Trotz moderner technischer Ausrüstung macht der dichte Nebel an der Küste Grönlands die Schiffahrt oft zu einem gefährlichen Abenteuer.

Jahr für Jahr gehen die Fangraten zurück. Das Land steht vor schweren wirtschaftlichen Problemen.

Geologen haben festgestellt, daß das Land reich an Erzen ist, hauptsächlich Blei, Zink, Kupfer, Silber, Marmor und Graphit. An O- sowie W-Küste hat man weiters große Vorkommen von Kohle entdeckt. Man vermutet auch Uran und Erdöl. Nach der weltweiten Erdölkrise von 1974 steigt das internationale Interesse für die Energievorkommen Grönlands. Das Land wird sich selbst langsam bewußt, welchen Wert die Bodenschätze darstellen. Seit 1973 werden im Gebiet von Umanak an der Westküste die Bleivorkommen abgebaut. Dies hilft wenigstens aus der schwersten Krise.

»Gebt mir Winter
Gebt mir Hunde
Und alles andere könnt ihr behalten!«

Knud Rasmussen

THULE AIR BASE

Nach dem Zweiten Weltkrieg behielten die USA ihre Militärbasen in Grönland. Man wußte über die strategische Bedeutung der Insel. Über das nördliche Eismeer sind feindliche Gebiete schnell mit Bombern zu erreichen. Der Kalte Krieg zwischen Ost und West sowie die immer größer werdende Präsenz der Sowjetunion im Nordatlantik und im Eismeer, unterstrichen die strategische Lage Grönlands. Als 1949 Dänemark Mitglied der Nato wird, erklären sich die USA zu Verhandlungen bereit. Ein Vertrag wurde unterzeichnet, der die gemeinsame Verteidigung vorsieht. Unterdessen wurden moderne Militäreinrichtungen in bisher unzugänglichen Gebieten errichtet. Im NW von Grönland, im Wohn- und Jagdgebiet der Polareskimos, dort wo Knud Rasmussen seine Handelsstation Thule errichtet hatte, wurde die »Thule Air Base« gebaut. Diese Anlage wurde zur größten außerhalb der USA.

Ohne viel Aufsehen kamen 1953 in Thule amerikanische Frachtflugzeuge und -schiffe mit 7000 Mann an. Von den Einwohnern Thules wurde verlangt, daß sie innerhalb von sechs Monaten ihr Dorf zu verlassen hätten. Qaanaaq, 100 km nördlich wurde ihr neuer Wohnsitz, dem sie wieder den Namen Thule gaben. In der näheren Umgebung der Basis zu bleiben wäre sinnlos gewesen, der Flug- und Schiffsverkehr sowie die Ölverschmutzung im Fjord hatten das ganze Wild vertrieben.

Thule Air Base entwickelte sich zu einer künstlichen Stadt in einer Mondlandschaft. Alles, außer Wasser, muß aus dem Süden angefordert werden. Mit Schiffen, soweit das Eis es zuläßt, oder mit Jets aus Dänemark oder den USA. In der Basis gibt es ein eigenes Polizeiwesen, Feuerwehr, Krankenhaus, Taxibetrieb, Postwesen und selbständige Elektrizitäts- und Heizwerke, sowie eine Wasserstation. Ganze Häuserreihen sind voll mit Nahrungsmitteln und Werkzeug. Auch an die Unterhaltung seiner 10 000 Bewohner wurde gedacht: Es gibt ein Kino, eine Bibliothek, eine Turnhalle, eine Kegelbahn und ein First-class-Restaurant. Kurz, in Thule läßt es sich leben.

Thule Air Base wurde eine der lebenswichtigen Adern des Luftverteidigungssystems von Nordamerika. Das Radiosystem »Giant Talk« hat die Aufgabe, Befehle an die überall operierenden Langstreckenbomber zu senden. Für beide Weltmächte ist der kurze Weg über das nördliche Eismeer eine ernste Bedrohung bei einem eventuellen Atomangriff des Gegners. Leicht könnte die arktische Welt zum Kriegsschauplatz werden. Aus dieser Strategie heraus errichteten die Amerikaner in den fünfziger Jahren eine Radarkette, das DEW (Distant Early Warning), um damit frühzeitig Luftangriffe feindlicher Langstreckenbomber zu erkennen. Ungefähr auf der Höhe des Polarkreises wurden vier DEW-Stationen errichtet: Eine im Westen in Søndre Strømfjord, zwei auf dem Inlandeis und eine auf der Insel Kulusuk, nahe Ammassalik an der Ostküste.

Zu Beginn der sechziger Jahre stellten die USA eine zusätzliche Radarkette auf, die BMEWS (Ballistic Missile Early Warningsystem), mit je einer Station in Alaska, in Thule und in England. Dieses Radar arbeitet mit riesigen Antennen, die imstande sind, einen Raketenangriff innerhalb weniger Minuten aufzuzeigen. BMEWS können einen Gegenstand von der Größe eines Fußballes auf eine Entfernung von 5 000 km orten.

Der Rüstungswettlauf ging und geht auf beiden Seiten weiter. Um beweglicher zu sein, bauten die beiden sogenannten Supermächte immer mehr Atomunterseeboote. Diese haben den Vorteil, daß sie vom Feind schwer zu orten sind und damit unbemerkt bis dicht an die Küste des Feindes vordringen können. Atom-U-Boote können sich sehr gut unter dem Eis verstecken, denn die aneinanderreibenden Eisschollen machen das Ortungssystem der feindlichen Flugzeuge und U-Boote wirkungslos. Infolgedessen wurden entlang der grönländischen Küste Stationen errichtet, die eine Radionavigation für U-Boote, die sogenannten Loran-C-Stationen, erlauben. Die DEW-Station auf Kulusuk fungiert nun auch als Teil in der SOSUS-Kette (Sound Surveillance System). Dieses Kontrollsystem bildet eine Barriere von Grönland über Island bis nach England und würde jedes sowjetische U-Boot melden, das diese Linie überschreitet. Es arbeitet mit Unterwassermikrofonen, die Geräusche noch in 1500 km Entfernung registrieren. In den Stationen werden diese empfangen und analysiert.

Man hört wenig über die riesige Basis im hohen Norden. Die grönländische Bevölkerung ist an die Anwesenheit von wissenschaftlichen Stationen gewohnt, und hat auch keinen Argwohn gegenüber einer Militärpräsentation in ihrer Umgebung. Sie stellen keine Fragen, auch nicht warum sie gezwungen wurden, nach Qaanaaq umzusiedeln.

Im Jänner 1968 stürzte elf Kilometer südwestlich von Thule ein B-52 Bomber mit vier Wasserstoffbomben an Bord in das Eismeer. Ein Unfall, der wenig veröffentlicht wurde. Für Eskimo und Weiße wurde die Jagd in diesem Gebiet verboten, alle Polarfüchse in der Umgebung erschossen und den Eskimos die Verwendung von Wasser und Eis, gleich für welchen Zweck, untersagt. Das Gebiet rund um Thule wurde zu einem wissenschaftlichen Laboratorium: Atomphysiker, Biologen und Glaziologen untersuchten die Folgen der radioaktiven Verseuchung. Die Strahlung in diesem Gebiet stieg mehrmals an, und selbst noch im Jahr 1984 wurde der Meeresboden und die Microfauna in Thule untersucht.

Der Absturz des Atombombers wirbelte im dänischen Parlament viel Staub auf. In heftigen Debatten wurde die Frage diskutiert, welche Funktion und Notwendigkeit haben die US-Basen auf Grönland. Die Regierung war der Meinung, daß sich auf seinem Territorium keine Atomwaffen befänden. In Übereinstimmung mit den dänischen Vorschriften sollte Grönland eine atomwaffenfreie Zone sein und bleiben. Der bestehende Vertrag sicherte den USA die Souveränität über Grönland. Über Atomwaffen wurde nicht gesprochen. In dem Absturzgebiet selbst begann man mit einer Aufräumungsaktion. Riesige Schnee- und Eismengen wurden in die USA transportiert.

Aufgrund der strategischen Lage und durch die errichteten militärischen Radaranlagen und Frühwarnsysteme, wurde Grönland zu einem möglichen Angriffsziel. Der Krieg und seine Maschinerie sind den Grönländern selbst völlig fremd. Es fehlt ihnen jeder Sinn für das Militärische. In ihrer Geschichte gab es keinen Krieg, obschon sie ihre Streitigkeiten oft auf blutige Art und Weise austrugen. Vielmehr jedoch wurde die Lebensweise der Eskimos vom Klima und der harten Umwelt bestimmt. Der Kampf gegen die Naturelemente ums Überleben hat diese Menschen für den Frieden geformt.

AM ZIEL

Auf dem langen Weg zur Autonomie übertrug man den Grönländern mehr und mehr Kompetenzen, für die vorher das Grönlandministerium in Kopenhagen zuständig war. Als Ausdruck des nationalen Selbstbewußtseins beschloß der Landesrat, alle dänischen Ortsnamen ins Grönländische umzubenennen. Zwischen 1972 und 1979 entwickelte sich in Grönland ein politisches Parteiensystem: die progressive »Siumut Partei«, die konservative »Atassut Partei« und die extrem linke »Inuit Ateqatigiit«. »Siumut« ist gegen die Mitgliederschaft in der EWG und will über die Bodenschätze des Landes selbst bestimmen. Mit knapper Mehrheit beschloß die dänische Regierung, daß Grönland über seine innenpolitischen Angelegenheiten selbst bestimmen kann. Was die Bodenschätze betrifft, gestehen sich beide Länder bei der Vergabe von Schürfrechten an ausländische Firmen, ein gegenseitiges Vetorecht zu. In eigener Regie beschließen nun die Grönländer jedoch über Fischereiwesen, Polizei, Kirche, Schulen, Krankenhauswesen, Rundfunk und Steuern. Bei den ersten Wahlen am 4. April 1979 erhielt die Siumut Partei die Mehrheit der Stimmen und stellt seither den Kabinettschef. Durch seine Abhängigkeit von Dänemark war Grönland auch automatisch Mitglied der EWG. Bei einem Referendum 1972 hatten beinahe 3/4 der Bevölkerung gegen eine Mitgliedschaft in der EWG gestimmt. Aber es blieb ohne Folgen. Zehn Jahre später, am 23. Februar 1982, wurde eine neue Volksbefragung abgehalten. Die Befürworter einer Mitgliedschaft in der EWG haben stark zugenommen, trotzdem stimmte eine kleine Mehrheit der Bevölkerung dagegen. Außenpolitisch wird Grönland noch immer von Dänemark vertreten. Das neue Referendum hat also keinen bindenden, sondern nur einen orientierenden Charakter. Trotzdem wies der dänische Ministerpräsident, der

Sozialdemokrat Anker Jörgensen, die EWG-Partner auf das Resultat der Volksabstimmung hin. Die dänische Regierung beschloß, auf den Willen des grönländischen Volkes einzugehen, und ohne öffentliches Aufsehen trat Grönland aus der EWG aus. Ob man dies als einen Erfolg werten kann, bleibt dahingestellt. Und die Autonomie von Grönland schreitet weiter voran. Am 1. Jänner 1986 wurde die KGH in KNI (Grönländische Handelsgesellschaft) umbenannt. Die Führung der Monopolgesellschaft ging in grönländische Hände über. Es stellt sich die Frage: Geht es völlig ohne Dänen in Grönland?

Das Verhältnis von Dänen zu Einheimischen stieg unterdessen von 1:5 für die Grönländer. Die meisten in Grönland lebenden Dänen träumen davon, später einmal ihren Lebensabend ruhig in einem Haus in Dänemark zu verbringen. Sie fühlen sich aber hier zu Hause und an das Land gebunden. Die Grönländer haben die Dänen längst akzeptiert. Mehr als zwei Jahrhunderte haben sie zusammengelebt, und ein hoher Prozentsatz der Kinder stammt aus gemischten Ehen. Im Vergleich zu anderen Ländern, die einst von Weißen kolonialisiert worden sind, durchtrennt Dänemark eher langsam die Nabelschnur zu seiner Kolonie.

*

Sprung ins 20. Jahrhundert

Obwohl die Jäger von Sermiligâq schon lange ihre Kajak und Harpunen mit Motorbooten und Gewehren vertauscht haben, wußten sie bis heute, ihre alte Lebensweise einigermaßen zu bewahren. In dem kleinen Dorfgeschäft kaufen sich die Bewohner zwar Süßigkeiten und andere Verlockungen der sogenannten zivilisierten Welt. Dennoch bleibt der Seehund, von den Jägern als Beute nach Hause gebracht, die Hauptnahrung. Das Leben der Menschen in Sermiligâq wird noch immer vom Rhythmus der Natur bestimmt. Die Familien versammeln sich regelmäßig vor dem Videogerät, trotzdem bleibt die alte Gewohnheit, sich gegenseitig zu besuchen, sich zusammenzusetzen und zu erzählen, noch immer lebendig. Bei den Männern sind Kraftspiele weiterhin populär. Mitten im Dorf steht als äußeres Zeichen des Christentums eine Kapelle, das Volk bleibt jedoch den alten religiösen Traditionen verbunden und bewahrt in der Konfrontation mit der Zivilisation noch einen Teil eigener Identität.

Eine Woche nach unserer Abreise von Sermiligáq wurde das Dorf von einem großen Unglück getroffen: Fünf Jäger verunglückten tödlich. Zwei von ihnen wollten mit ihrem Motorboot von Kulusuk zurück nach Hause fahren (eine Strecke von ca. 80 Kilometern). Hatten sie schlechte Sicht? Waren sie übermüdet oder unachtsam? Auf jeden Fall rammten sie einen riesigen Eisberg und waren sofort tot. Das Boot wurde später gefunden und das Leck konnte geflickt werden. Die Jäger aber blieben vermißt. Nachdem das Boot repariert war, fuhren drei Jäger ein paar Tage später wieder aufs Meer hinaus. Das Boot sank. Es schlug an derselben Stelle leck. Hatte man es nicht sorgfältig geflickt? Die Wassertemperatur in den Fjorden liegt im Herbst – (der Unfall ereignete sich im September) – knapp über dem Gefrierpunkt. Die drei Männer dürften daher an Unterkühlung gestorben sein, denn länger als höchstens ein bis zwei Minuten konnten sie in diesem Wasser nicht schwimmen.

Als wir von dem Unglück hörten, versuchten wir vorsichtig die Namen der Verunglückten herauszufinden. Wir kannten die meisten Eskimos des Dorfes. Todernst und mit einem besorgten Blick, machte unser Freund Gideon Bajare nur eine »Fünf« mit seiner Hand. Fragte man die Frauen, so machten sie nur jammernde Gebärden. Auch Johan Uitsatikitseq, wagte es nicht, die Namen der Toten auszusprechen. Wir konnten daher nur raten. Nach altem Eskimoglauben ist der Name eines Menschen ein Teil seiner Seele. Beim Tod verläßt auch der Name den leblosen Körper. Er wird deshalb nicht mehr ausgesprochen, und die Leiche wird so schnell wie möglich begraben. Die Seele des Toten kann aber keine Ruhe finden und nicht ins Jenseits reisen, solange nicht ein neugeborenes Kind wieder den Namen des Toten übernimmt.

Für die kleine Jagdgesellschaft in Sermiligâq bedeutet der Unfall eine Tragödie. Fünf Jäger auf einmal. Vom Jäger hängt mitunter das Leben der ganzen Familie ab und selbst für die Dorfgemeinschaft ist jeder einzelne Jäger von großer Bedeutung. Obwohl es heute auch hier eine Art soziale Vorsorge gibt, bleibt das Leben dieser betroffenen Familien hart.

Der Zufall wollte es, daß der Winter 1985-1986 die Jäger von Sermiligâq vor ein weiteres großes Problem stellte. Schuld daran war das ungewöhnlich milde Wetter. Im allgemeinen herrschen zu dieser Jahreszeit mittlere Temperaturen von -20 Grad Celsius. Dieses Jahr lagen sie nur etwas unter dem Gefrierpunkt. In der Folge fiel außergewöhnlich viel Schnee. Tagelang zwangen anhaltende Schneestürme die Jäger, untätig in ihren überhitzten Hütten zu bleiben. Die Häuser des Dorfes waren tief im Schnee versunken. Nur ein paar Dächer schauten noch heraus. Normal sind im Winter die Fjorde fest zugefroren, und die Jäger können mit ihrem Hundegespann über das Eis jagen, um so reiche Beute zu machen. Diesen Winter war aber die Eisschicht dünn, und an vielen Stellen waren die Fjorde überhaupt nicht zugefroren. Jedes Jagdunternehmen war daher lebensgefährlich, denn der viele Schnee verbarg zudem die Spalten im Eis. Um mit den Booten auf die Jagd zu gehen, dafür gab es aber wieder zuviel Eis. Durch das viele offene Wasser waren die Seehunde nicht an ihre Atemlöcher angewiesen, und auch die Netze blieben leer. Wochen hindurch kam Gideon ohne Beute nach Hause. In seiner Familie ging der Fleischvorrat zu Ende. Man ernährte sich nun mit Trockenfisch und teuren Lebensmitteln aus dem Geschäft. Ebenso erging es anderen Familien im Dorf. Aber Gideon gab nicht auf. Lange, sehr lange Zeit blieb er weg. Seine Familie wurde schon unruhig. Ungeduldig stand Noa, sein Sohn am Fenster und schaute stundenlang auf die unendliche Eisfläche hinaus. Die Zeit verging nur langsam. In dem kleinen Raum wurde kaum mehr gesprochen. Die Spannung stieg, und der Schneesturm nahm an Heftigkeit zu. Gideon wollte doch nur für einen Tag hinaus, für länger war er nicht ausgerüstet. Er hätte schon längst zurück sein müssen. Ab und zu unterhielten sich die Frauen leise und besorgt miteinander. Dann ging plötzlich die Tür auf, völlig erschöpft stand Gideon im Hauseingang. Ohne Beute...! Sein Gesicht hatte einen hoffnungslosen Ausdruck. Neunzehn Stunden hatte die Jagd gedauert, war er dem Wind, Wetter und den Gefahren des Eises ausgesetzt. Nichts! Seine Frau half ihm aus seinen nassen, kalten Kleidern und hängte sie beim alten Eisenofen zum Trocknen auf. Die Kinder schauten ihren Vater enttäuscht an, während er ihnen mit schwerer Stimme seine mißglückte Jagd schilderte. Das Leben dieser Menschen ist nicht einfach. Die Natur entscheidet über sie. Der harte Überlebenskampf ließ viele moralische Freiheiten zu. Die »Lampenlöschspiele« waren nicht nur Maßnahmen gegen die Inzucht. Diese Spiele bedeuteten auch Entspannung, Freude und Genuß. Sie waren eine psychologische Stimulanz, um den folgenden Tag mit seiner harten Wirklichkeit wieder besser ertragen zu können. Die Eskimos entwickelten sich zu einer Rasse mit einer enormen physischen und geistigen Kraft, mit einem unbeschreiblichen Gefühl für die Natur. Zu Fatalisten, die nicht an das Morgen denken und sich keine Fleischvorräte für Notzeiten anlegen. Sie nehmen den Tag wie er kommt, feiern Feste, suchen die Sonnenseiten des Lebens, als Gegengewicht ihres harten Daseins und der vielen strengen Tabus, die sie sich selbst auferlegten.

Die Zivilisation

Es waren die Weißen, die das Gleichgewicht störten. Walfänger, Missionare, Händler und Abenteurer brachten den Eskimos die Annehmlichkeiten der Zivilisation. Sie wollten Felle und Elfenbein und boten den Einheimischen dafür neue, faszinierende Gegenstände wie Nadeln, Töpfe, Gewehre und Munition zum Tausch an, und sie schleppten aber auch bisher unbekannte Krankheiten ein. Mit dem Vordringen der Zivilisation kamen Alkohol, Tabak und Süßigkeiten in den Norden, und die Weißen machten gute Umsätze mit dem Verkauf von Videogeräten und Kassetten.

Auch in Sermiligâq stehen bei verschiedenen Familien Fernseh- und Videogerät. Ein Dieselgenerator liefert den Strom. Meistens schafft sich ein ganzer Clan solche Geräte an, denn für die einzelne Familie wäre das nicht erschwinglich. Das Videogeschäft liegt in den Händen von ein paar Dänen in Ammassalik. Die Eskimos von Sermiligâq, die noch halb in ihrer Schamanenwelt leben, werden plötzlich mit James Bond, Hitchcock, Drakula und den wildesten Kriegsfilmen konfrontiert. Sie empfinden das Geschehen auf dem Bildschirn als echt und machen dabei keinen Unterschied zwischen Fiktion und Wirklichkeit. Es wächst bei diesen Menschen somit das Bewußtsein, daß außerhalb ihres Dorfes eine viel bessere Welt besteht, ein Schlaraffenland voller Komfort, eine fantastische Welt, wo die verrücktesten Dinge passieren. Ihr Dorf wird ihnen plötzlich viel zu klein. Was sollen sie noch hier, in diesem primitiven Nest? Die Welt da draußen hält so viele Abwechslungen und Überraschungen bereit. – Weiter denken sie nicht. Junge Eskimos fühlen sich plötzlich nicht mehr wohl in ihrer Haut, fühlen sich frustriert. Unruhe und Unsicherheit macht sich breit. Weshalb sollten sie das harte Leben ihrer Väter und Vorväter weiterleben? Die große Welt außerhalb ihres Dorfes scheint ihnen so faszinierend, und in ihrer Verzweiflung greifen sie zum Alkohol. Das Phänomen »Zivilisation« ist eben gefährlich, besonders wenn es abrupt ein Volk überfällt.

Das Leben der Eskimos wurde andererseits durch die Einflüsse der Weißen einfacher und freundlicher. Sie wohnen nun in gemütlichen Holzhäusern, die mit praktischen Öfen zu erwärmen sind. Die Frauen kochen in richtigen Küchen auf Gasöfen. Eines Tages wird eine zentrale Wasserleitung die Lebensqualität in Sermiligâq noch weiter erhöhen. Ein Arzt kommt dreimal im Jahr in das Dorf um nach den Kranken zu sehen. Wenn es das Wetter zuläßt, wird ein Verletzter oder Kranker im Notfall mit dem Hubschrauber in das Krankenhaus von Ammassalik geflogen. Bis zum Jahr 1940 starben noch 25 Prozent der Bevölkerung an Tuberkulose. 1950 betrug die mittlere Lebenserwartung 35 Jahre. TBC ist mittlerweile, dank der enormen Bemühungen der Regierung, völlig ausgestorben, die Säuglingssterblichkeit wesentlich gesenkt worden. Die Lebenserwartung ist heute auf 64 Jahre gestiegen.

Doch wie so viele Dinge im Leben, so hat auch die Zivilisation zwei Seiten, und nicht jede gutgemeinte Änderung bringt Vorteile. Das Gewehr verdrängte die Harpune. Sie hatte den Vorteil, daß ein getroffenes Tier nicht mehr wegtauchen konnte und andere Tiere durch den Schuß nicht verscheucht wurden. Außerdem benötigte diese Waffe keine teure Munition. Das laute Motorboot ersetzte den leisen Kajak. Dieses traditionelle Boot war leicht und wendig. Zur Fortbewegung benötigte man keinen Motor und keinen Treibstoff. Die Muskelkraft war kostenlos. Mit dem Erlös der Tierfelle kaufen sich nun die Eskimos moderne, synthetische Kleider. Diese sind aber bei weitem nicht so zweckmäßig bei Nässe und Kälte wie die früheren Pelzanzüge. In vielen Gebieten der Arktis hatte der Motorschlitten die Hundegespanne verdrängt. Er ist zwar schneller, birgt aber erhebliche Gefahren in sich. Manches tödliche Unglück hat sich wegen Motorschaden, Benzinmangel oder durch das hohe Gewicht des Gerätes auf dem Eis ereignet. Sermiligâq wurde von diesen lauten Ungeheuern bisher verschont. Das alpine Gelände läßt keine Motorschlitten zu. Andere Versuchungen wie Kaffee, Tee, Zigaretten, Alkohol und verschiedene Süßigkeiten untergraben daneben die Gesundheit dieser Menschen.

Eine weitere negative Begleiterscheinung der Zivilisation ist last but not least der Abfall des Dorfes. In den verstreuten Dörfern an der Ostküste wird dieses Problem aus Unkenntnis nicht erkannt. Auch liegt der Schmutz die meiste Zeit des Jahres unter dem Schnee. So schlummern Unrat jeder Art, Blechtonnen, Batterien, Ölreste und Plastik vor sich hin und verursachen einen nicht zu übersehenden Schaden an der Umwelt. Die Dörfer selbst werden immer mehr zu Müllhalden, in denen Kinder spielen. Der Permafrost läßt ein Vergraben des Abfalls nicht zu. Die niedrigen Temperaturen verhindern eine schnelle Arbeit der Bakterien, so daß sich der Zerfallsprozeß auf sehr lange Zeit erstreckt. Den Müll auch nur teilweise zu verbrennen, würde eine zu große Luftverschmutzung mit sich bringen. Es bliebe daher nur der Rücktransport der Abfälle in die zivilisierte Welt. Ein teures Geschäft!

Durch die Zivilisation wuchs das Bevölkerungsproblem in Grönland. Obwohl das Land nicht mehr als 53 000 Einwohner (1986) zählt, muß man von einer Überbevölkerung sprechen. Eine eigenständige Ernährung dieser riesigen Eisinsel ist begrenzt, ebenso die Versorgung aus dem Mutterland Dänemark. Aber Überbevölkerung ist nicht nur ein Ernährungsproblem, es müssen auch Wohnungen, Schulen, Krankenhäuser gebaut werden, und eine Fülle weiterer, sozialer Einrichtungen sind erforderlich.

Grönland war 1967 das geburtenreichste Land der ganzen Welt. Die Geburtenrate betrug 50 Promille, währenddessen die Sterberate nicht höher als 10 von Tausend war. Eine Frau schenkte zwischen ihrem 15. und 50. Lebensjahr durchschnittlich 7,4 Kindern das Leben. Wegen der verbreiteten Promiskuität waren auch die Hälfte der Kinder außerehelich geborene. Die dänische Regierung und der grönländische Landesrat unternahmen in den folgenden Jahren alles, um die Bevölkerungsexplosion zu stoppen. Mit Erfolg! Bereits in der Schule wird über eine gesunde Familienplanung gesprochen. Die Frauen werden über die verschiedensten Empfängnisverhütungsmittel informiert (wobei vor allem die Spiralenmethode viel Anklang fand). 1975 hatte eine Frau im Mittel nur noch 2,3 Kinder. Die Geburtenziffer betrug bereits 9,3 Promille, die Sterbeziffer 8,3 Promille. In Verbindung damit stehen die hohen Zahlen allein von Gonorrhoe bei der Bevölkerung: 1983: laut offizieller Statistik 12 538, 1984: 10 488.

Entlang der ca. 11 360 km langen Ostküste leben in zehn Dörfern 3 286 Einwohner (1. Jänner 1984). Ammassalik ist die Hauptstadt der Ostküste und zählt 1 300 Menschen. Früher lebten auch hier die Eskimos ausschließlich von der Jagd. Relativ lang (bis ungefähr 1960) genossen sie den Status von »Naturmenschen«. Dann begannen die Dänen Straßen anzulegen, Häuser, Schulen und ein Krankenhaus wurden gebaut. Die einheimische Bevölkerung wurde über Nacht zu Bauarbeitern, andere bekamen eine Stelle in der Schule oder im Krankenhaus. Jagd und Fischerei wurden zur Freizeitbeschäftigung, immer weniger Menschen lebten ausschließlich von der Jagd. Die zu rasche Veränderung zu einem neuen Lebensrhythmus, der moderne »Way of life«, brachte auch die Menschen in Ammassalik total aus ihrem Gleichgewicht. Zehn Prozent der Bevölkerung verfiel dem Alkohol, einem Laster, das die Walfänger bereits im 17. Jahrhundert nach Grönland brachten und das sich wie eine Epidemie bis in die entlegensten Gebiete ausbreitete. Der gesamte Wochenlohn wird einfach in Alkohol investiert, so daß für die Familie, für die Kinder nichts mehr übrig bleibt. Während die Eltern ihren Rausch ausschlafen, laufen die Kinder verwahrlost in der Stadt herum. Wie hungrige Hunde schleichen sie zwischen dem Abfall herum, auf der Suche nach was Eßbarem, oder betteln bei den Dänen. Sie versäumen die Schule oder kommen zu spät. Meistens schlafen sie in der Schulbank ein. Das soziale Leben in Ammassalik und in den Familien ist völlig gestört. Die Folge ist eine wachsende Kriminalität: Diebstähle, Einbrüche, Raub, Schlägereien und Kindermißhandlungen. Die Selbstmordrate steigt von Jahr zu Jahr.

Unterdessen wird die Zukunft in Ammassalik immer aussichtsloser. Die Betrunkenen gehören zum Stadtbild. Niemand stört sich noch daran. Der allgemeine Bauboom hat sich wegen Platzmangel erschöpft. Die Folge ist eine steigende Arbeitslosigkeit. Vor allem die Jugend trifft es schwer: Von ihnen sind 90 Prozent arbeitslos. Wenn man bedenkt, daß Jugendliche die Hälfte der Bevölkerung ausmachen und sie ausschließlich von staatlicher Unterstützung leben, so läßt dies auf keine gute Zukunft hoffen. Sie haben das Jagen oder Arbeiten nicht gelernt, wissen nicht was das Leben erfordert, sie haben keine Ahnung wie eine normale Familie funktioniert. Es fehlt ihnen an Selbstvertrauen, nicht aber an Verzweiflung. Ein Jugendhaus in Ammassalik kümmert sich um diese Jugend und gibt ihnen zumindest ein Obdach.

Etwa 50 Bewohner von Ammassalik haben der Stadt den Rücken gekehrt. Sie wollen in Skjoldungen ein neues Leben beginnen. Dort wollen sie wieder nur von der Jagd leben, so wie es ihre Vorväter getan haben. Dort wollen sie in das traditionelle Leben ihres Volkes zurückfinden. In Skjoldungen gibt es kein Geschäft, keine Schule, kein Krankenhaus, keinen Alkohol. Nichts! Es liegt ca. 350 km südlich von Ammassalik und ist total von der Außenwelt abgeschnitten. Trotzdem, hier hoffen sie auf eine neue Zukunft. Ob es gelingen wird? In jedem Fall wird es diese Menschen viel Mut, Durchsetzungsvermögen und Arbeit kosten, sich wieder an die Konfrontation mit der Natur zu gewöhnen. Amerikaner und Europäer suchen rastlos überall auf der Welt nach Mineralien, Erdöl und -gas. So auch in der Arktis. Satellitenaufnahmen zeigten, daß im Gebiet von Scoresby Sund reichlich Öl vorhanden wäre. Die bereits begonnenen Probebohrungen wurden zwischenzeitlich aber wieder eingestellt, denn für den Abtransport des Erdöls stellt die Küste mit ihrem ca. 40 km breiten Packeisgürtel ein zu großes Problem dar. Von dieser natürlichen Sperre droht jedem noch so großen Öltanker Gefahr. Und damit der Umwelt.

Der breite Packeisgürtel ist gewaltigen Strömungen und Kräften ausgesetzt. Die schweren Eisschollen brechen auseinander, türmen sich auf, bersten und explodieren. Entlang der gesamten Küste kalben auch die riesigen Gletscher des Inlandes ins Meer. Als riesige Eisberge, die bis zu 70 Meter hoch aus dem Wasser ragen und deren Tiefgang noch ein Vielfaches davon beträgt, treiben sie zusammen mit dem Polareis auf dem Meer. Diese gewaltigen Eismassen können von einer Tiefenströmung entgegengesetzt zur Oberflächenströmung treiben. Schiffe, die in eine solche unvorhersehbare Verschiebung geraten, sind zum Untergang bestimmt. Dazu kommen noch die klimatologischen Umstände an der Ostküste. Das Wetter ist hier das Unberechenbarste der ganzen Arktis. Ab und zu wüten turbulente Stürme, die die Eisbewegungen noch heimtückischer machen. Bei Nebel oder White Out verschmelzen Eisfläche und Atmosphäre zu einem weißen Nichts. Im Winter beeinträchtigen dichte Schneestürme die Sicht, und es muß mit drei Monaten Polarnacht gerechnet werden.

Für die Eskimos ist das Meer noch wichtiger als das Festland. Das Meer ist ihre Nahrungsquelle, auf das Meer sind sie nach wie vor angewiesen. Die Natur der Arktis ist sehr rauh und hart, und trotzdem ist sie außergewöhnlich verletzbar und anfällig für Verschmutzungen. Wenn bei Ölbohrungen oder bei einem Öltransport ein Unfall passieren würde, dann hätte dies unvorstellbare Auswirkungen auf die Umwelt. Wissenschaftler haben festgestellt, daß sich z. B. das Erdöl bei einer Wassertemperatur von nur 5 Grad Celsius 25 mal langsamer abbaut als bei 25 Grad Celsius. Die Wassertemperatur liegt hier aber nur wenig über oder unter dem Gefrierpunkt. Außerdem bleibt das Öl nicht nur an der Oberfläche: Es treibt mit der Strömung bis in große Tiefen, mit allen Folgen für die Fauna und Flora. Selbst ein größeres Tier, wie z. B. der Eisbär, kann eine Verschmutzung seines Fells durch Öl nicht überleben. Ein Ölteppich auf dem Eis verhindert weiters die Reflektion der Sonnenstrahlen, so daß das Eis die Wärme aufnimmt und damit abschmilzt. Für das Klima der Arktis, aber auch für das globale Klima des ganzen Erdballes, würde ein Ölunfall größeren Ausmaßes katastrophale Folgen haben. Die Arktis mit seinen Seen, Eiswüsten, Tundren und Gletschern spielt eine nicht zu unterschätzende Rolle im ganzen ökologischen System der Erde. Wie oft haben wir es schon erfahren müssen, daß Mensch und Technik nicht unfehlbar sind.

In vielen Teilen der Arktis brachte der Abbau von Erdöl, Gas und Erzen Arbeitsplätze für die Eskimos. Dies hatte aber auch große soziale und kulturelle Auswirkungen auf die Bewohner des hohen Nordens. Ist ein Jäger früher mit seiner Beute nach Hause gekommen, so wurde diese automatisch im Clan, manchmal auch im ganzen Dorf verteilt. Der Wochen- oder Monatslohn dagegen wird für sich selbst behalten und in Konsumgüter und Luxusartikel investiert. Die Arbeiter können sich Fernsehgerät und Videoapparat leisten, tiefgefrorenes Fleisch und andere teure Lebensmittel im Geschäft besorgen, sie können ihre Häuser einrichten und Besitz sammeln. Im Dorf genießen jetzt sie das Ansehen und nicht mehr der Jäger mit seiner Beute. Früher waren alle Eskimos gleich. Jeder besaß so viel, wie er mit seinem Schlitten mitnehmen konnte. Mit dem Importstrom aus der zivilisierten Welt kam auch der Materialismus; Klassendenken und Individualismus breiteten sich rasch aus. Trotz alledem haben die meisten Eskimos Schwierigkeiten, sich an dieses neue Leben zu gewöhnen. In ihren Adern fließt noch immer das Jägerblut. Der Begriff »Zeit«, der bis jetzt in ihrem Dasein keine Rolle spielte, scheint plötzlich von Wichtigkeit. Sie müssen zu einer bestimmten Zeit ihre Arbeit beginnen, soundsoviele Stunden müssen gearbeitet werden, ohne Pause und in engen Räumen. Die Arbeitsmoral der Eskimos läßt oft zu wünschen übrig. Die meisten halten es auch nicht lange durch und bleiben nur kurze Zeit. Durch die monatelange Arbeit in den Minen sind die Männer oft lange Perioden von ihren Familien getrennt. Einem Eskimo fällt dies besonders schwer. Psychische Probleme tauchen auf. Sozialer Kontakt mit der Familie und mit ihrem Dorf sind für diese Menschen lebensnotwendig. Die tiefgehenden strukturellen und materiellen Veränderungen im Leben der Eskimos, die ihnen von außen aufgezwungen wurden, scheinen die meisten unter ihnen nicht verarbeiten zu können. Der Übergang vom »Jäger« zum »Arbeiter« war zu abrupt.

In den letzten Jahren begann eine neue Gruppe von Weißen die Arktis heimzusuchen: Touristen und Expeditionen. Die Ostküste mit seiner unberührten Natur und seinen Gletschern scheint geradezu ein Eldorado für Abenteurer darzustellen. Die alpinen Regionen in aller Welt sind völlig überlaufen. Der Himalaya ist bereits in seiner Struktur schwer getroffen: Die vielen Expeditionen, die diese Gebiete überrumpelten, hinterließen nichts als Unrat und zerstörten das Leben der dort ansässigen Menschen. Der Sherpa ist nur mehr ein Tragtier zu den höchsten Gipfeln der Welt.

Im hohen Norden ist das natürliche Gleichgewicht zwischen Mensch und Lebensraum besonders labil. Durch die kurze Vegetationszeit bleibt jeder menschliche Tritt und Eingriff jahrelang sichtbar. Noch viele Jahre nachdem eine Expedition ein Basislager baute, sieht man deutlich, wo die einzelnen Zelte standen. In unseren Breiten sind solche Spuren nach einigen Wochen kaum mehr zu erkennen. Die Natur in der Arktis zeigt sich zu keinem Kompromiß bereit. Wird auch hier der Expeditionstourismus die einheimischen Jäger aus ihrer traditionellen Rolle reißen? Dr. Christian Adler schreibt in seinem Buch »Polareskimoverhalten«: Amüsantes erzählt man sich in Grönland auch über den Deutschen Dr. Herrligkoffer. Die Episode gelangte per Lauffeuer sogar von der Ostküste bis nach Nordgrönland. Der erfahrene Leiter zahlreicher Expeditionen war in Ostgrönland angereist und hatte dort offenbar mit himalaya-gewohnter Sicherheit versucht, Eskimos als Träger anzuheuern. Nun sind Eskimos jedoch keine Sherpas, der weiße »Sahib« aus »Tyskland« mit dem berühmten Namen konnte sie daher nicht im geringsten beeindrucken. Sein Auftreten löste nur allgemeine Heiterkeit aus, denn er sorgte für ausführliche Spottiraden. Der deutschen Ostgrönlandexpedition unter Leitung des Dr. Herrligkoffer blieb letztlich nichts anderes übrig, als die Lasten selbst zu schleppen.

Das große Hindernis für einen eventuellen »touristischen Boom« stellt in jedem Fall das wechselhafte Wetter mit seinen vielen Niederschlägen dar. Einmal an der Ostküste angelangt, kann niemand voraussagen, ob und wann ein Flugzeug wieder zurück zur Westküste fliegen kann. Die Flüge sind vom Wetter im Inland abhängig, denn nur von der Westküste aus, von Søndre Strømfjord, gibt es Flüge zurück nach Europa.

Zu sich selbst zurückfinden

Knud Rasmussen sagte: »Sobald ein Naturvolk, wo immer auf der Welt, mit der Zivilisation in Berührung kommt, da gibt es keinen Weg zurück.« Auf unserer Erde gibt es kein Gebiet mehr, kein Volk, das noch nicht in irgendeiner Form mit der modernen Welt zusammengetroffen ist. Die Zivilisation mit seinen verschiedenen Gesichtern erreichte relativ spät die Ostküste und das Gebiet von Ammassalik. Sie nahm dort ihren Anfang im Jahre 1884, mit der Ankunft von Gustav Holm. Dieser historische Prozeß entwickelte sich weiter bis heute und wird sich immer weiter entwickeln. Einen Weg zurück gibt es nicht.

Vielfach wird die Meinung vertreten, daß die Eskimos trotzdem ihr einfaches Leben weiterführen sollten. Es wäre aber verkehrt, die frühere Lebensweise dieser Menschen im hohen Norden zu verherrlichen und zugleich die Augen vor den vielen Entbehrungen, Krankheiten, Hungersnöten und vor der Tragik ihres allzu frühen Todes zu verschließen. Fragt man einen Eskimo, ob er wieder das Leben seiner Vorväter leben will, so bekommt man sicher ein »Nein« zu Antwort. Es gibt keinen Zweifel darüber, daß das Leben der Eskimos in vieler Hinsicht menschenwürdiger geworden ist. Es wäre gewiß sinnlos und unverantwortlich, die Eskimos in Reservaten vor dem technischen Fortschritt abzuschirmen. Sie müssen es jedoch lernen, auf ihren eigenen Beinen zu stehen und die Realität des Fortschritts und das Gute daran zu erkennen.

Der Eintritt Grönlands in ein neues Zeitalter war kein langsamer Prozeß. Die einheimische Bevölkerung hatte nicht die Möglichkeit, mit der Zivilisation zu wachsen. Der nicht zu befriedigende Drang der Weißen, sich die Natur zu unterwerfen und auszubeuten, machte auch vor der Arktis nicht Halt. Die wirtschaftlichen, politischen und militärischen Interessen für die Arktis überrollten das Gebiet mit seinen Bewohnern wie eine Flutwelle. Mit gemischten Gefühlen beobachteten die Eskimos die einschneidenden Veränderungen in ihrer Umgebung. Sie fühlten sich in das 20. Jahrhundert versetzt, ohne selbst ein Teil davon zu sein. Wie entwurzelt pendeln sie nun zwischen zwei Welten, wissend, weder in die eine noch in die andere zu gehören. Im Zweifel an sich selbst verloren sie dabei alle Eigenwerte und Selbstachtung, sowie den Stolz auf Bräuche und Traditionen ihres Volkes.

Wo die Verstädterung am größten ist, stellt sich der Verfall am stärksten dar. In der Dorfgemeinschaft von Sermiligâq ist das Zusammenleben noch relativ gesund. Die Bewohner haben zwar Kontakt mit der Zivilisation, trotzdem blieben sie bis heute in ihrer traditionellen Rolle als Jäger. Ihre Grundfeste wurden durch den Fortschritt noch nicht erschüttert. Bei den Jüngeren des Dorfes macht sich aber bereits eine wachsende Unsicherheit breit.

Mit dem Einfluß der Konsumwelt ergeben sich mehr und mehr Kontakte mit der Außenwelt, die auch Alternativen für die Heranwachsenden bietet. Es gibt nun die Möglichkeit, an die Westküste oder sogar nach Dänemark zu reisen und dort etwas zu studieren, einen Beruf zu erlernen und einen Arbeitsplatz zu bekommen. Ein Eskimo, der aber in Dänemark ein neues Leben beginnen will, stößt dabei vielfach auf unlösbare Probleme. Was muß in einem jungen Menschen aus Sermiligâq vorgehen, der in eine Großstadt wie Kopenhagen versetzt wird? Außerdem sprechen die Eskimos Dänisch meist nur unvollständig, weswegen sie auch nur minderwertige, unterbezahlte Jobs bekommen. In ihrer Geldnot suchen die jungen Männer dann Zuflucht beim Alkohol, Mädchen landen meist bei der Prostitution. Schwer enttäuscht kehren viele von ihnen wieder in ihr Dorf zurück. Diejenigen, die ihr Glück an der Westküste suchen, haben ebenfalls Sprachprobleme, denn sie sprechen nur ihren ostgrönländischen Dialekt. Heimweh, Sprachprobleme und die Schwierigkeit, annehmbare Arbeit zu finden, sind die Hauptbeweggründe für eine Rückkehr in das Heimatdorf. Die Erfahrungen in der Fremde lehren sie aber, nun alles mit anderen Augen zu sehen. Vielleicht entdecken die Eskimos auf diese Weise ihre eigene Identität wieder? Vielleicht besinnen sie sich wieder ihrer eigenen Werte, ihrer Bräuche und Traditionen?

Für die jungen Eskimos scheint es wichtig, daß sie die Jagd nicht als ein Überbleibsel aus alter Zeit betrachten, sondern als ein großes Vorrecht, als einen Beruf, auf den sie stolz sein können. Wenn die Eskimos das erkennen, dann wird die Zivilisation dem Dorf Sermiligâq an der Ostküste Grönlands nichts anhaben. Zivilisation darf kein Synonym sein für Bedrohung, weder für die Menschen noch für die Natur des hohen Nordens. Daß dieses Ziel erreicht wird, dafür tragen wir alle die Verantwortung mit.